名师名校名校长

凝聚名师共识
回应名师关怀
打造名师品牌
培育名师群体

陈明远写

探索·追求

小学语文课堂教学管理与学校德育探析

王钦雄／著

中国出版集团　现代出版社

图书在版编目（CIP）数据

探索·追求：小学语文课堂教学管理与学校德育探析 / 王钦雄著. — 北京：现代出版社，2022.2

ISBN 978-7-5143-9682-9

Ⅰ．①探… Ⅱ．①王… Ⅲ．①小学语文课—课堂教学—教学研究 Ⅳ．①G623.202

中国版本图书馆CIP数据核字（2022）第030060号

探索·追求：小学语文课堂教学管理与学校德育探析

作　　者	王钦雄
责任编辑	窦艳秋
出版发行	现代出版社
地　　址	北京市安定门外安华里504号
邮政编码	100011
电　　话	010-64267325　64245264
网　　址	www.1980xd.com
印　　制	北京政采印刷服务有限公司
开　　本	710mm×1000mm　1/16
印　　张	12.5
字　　数	200千
版　　次	2022年2月第1版　2022年2月第1次印刷
书　　号	ISBN 978-7-5143-9682-9
定　　价	58.00元

前言

　　作为人际交往过程中极其重要的一项工具，语文的地位不言而喻。在漫漫的历史长河中，语文承载着人类的文化不断前行，它既有记载史实、交流信息的工具性，也有传承文化和激发人生命力的人文性，两者相互结合完整地表现出了语文的特性。人的表情达意和思维交流是语文的外部表露形式，它是每个人一生都在学习的基础学科。语文的人文性体现出语文的教育是在特定时空中，是教育者与被教育者双向奔赴的过程。在学生的语文学习过程中，他们会逐渐理解生命的真谛，从而尊重人的生命价值，还会不断理解人类文化的多样性，逐渐体会文化多样性的意义与内涵。

　　语文的基础是文字，应通过不断地加强文字学习，逐渐将文字运用到社会实践和日常交往中。自小学接触到语文以来，我们就开始在不经意间将学习到的文字应用在交流之中。交流的形式很多，可以是纸上作文式的交流，也可以是面对面口头的谈话。但无论是哪种语文的实践方式，我们最终的目的都是不断地学习语文，加强思想文化修养，快速提升自身素质。小学语文教育是极其重要的，从学生踏进校门的那一刻，教师就应该培养学生的语感和语言的整体能力。在学生的学习过程中，教师应该作为一名引导者，鼓励学生自主学习、探究语文这门课程，从而提升学生的学习兴趣。

　　立德树人是教育的根本任务，为党育人，为国育才，加强和改善学校德育是学校的首要任务。道德教育要从娃娃抓起，孩子从小养成了优良的品德，将来走向社会才能在事业上做出成绩，为社会做出贡献，过上幸福的生活。加强道德教育是时代的要求。

　　守初心，担使命。立足于人文语文这一视角，在立德树人根本任务的指导下，本书凝聚了作者三十年教育教学中的不懈探索与追求，是对小学语文课堂教学管理及学校德育探析的教学结晶，对广大小学教育工作者的工作具有重要的参考价值。

王钦雄

2021年10月

目录

第一章　小学语文教学原则

第一节　优化语文课堂教学结构原则 ················· 2

第二节　听说读写相辅相成原则 ················· 6

第三节　语言训练与思维训练相结合原则 ················· 10

第四节　课内教学与课外学习相结合原则 ················· 13

第二章　小学语文教学艺术

第一节　语文教学艺术理念 ················· 18

第二节　语文教学艺术主要特征 ················· 24

第三节　语文教学主要艺术风格 ················· 29

第四节　语文教学艺术风格的形成与把握 ················· 33

第三章　小学语文课程资源的开发与利用

第一节　小学语文课程资源开发 ················· 38

第二节　小学语文课程资源的特色 ················· 40

第三节　开发与利用小学语文课程资源的意义 ················· 43

第四节　如何有效开发和使用语文课程资源 ················· 46

第四章　小学语文课堂的授课与组织调控

第一节　小学语文课堂授课 ················· 54

第二节　小学语文课堂组织调控 ················· 71

第五章　小学语文教学与班级管理

第一节　小学班级与班级管理 ················· 88

第二节　小学班主任 ················· 104

第三节　小学生活动 ················· 118

第四节　小学语文教学与班级管理 ················· 131

第六章　小学语文课堂教学评价

第一节　小学语文课堂教学评价的形式 ················· 148

第二节　课堂教师评价语言 ················· 151

第三节　语文教师评价语言的运用 ················· 159

第四节　语文学科教师教学评价方法 ················· 163

第七章　小学德育工作内容

第一节　教育学生学会做人 ················· 170

第二节　加强正确的义利观教育 ················· 174

第三节　加强遵纪守法教育 ················· 176

第四节　加强文明礼仪教育 ················· 179

第五节　加强诚信教育 ················· 183

第六节　加强勤俭节约反对浪费教育 ················· 185

第七节　加强上网和网络游戏等教育 ················· 188

参考文献 ················· 192

后　　记 ················· 194

第一章

小学语文教学原则

第一节　优化语文课堂教学结构原则

　　语文教学结构的优化应体现两个方面：一是语文课本身课型的优化；二是一节课本身结构和层次的优化。优化就是从学生的认知实际出发，根据不同的教学任务，整合教育教学资源，合理安排课程的设置和每节课的结构，从而达到"有效"教学和"高效"教学。

一、课堂教学结构优化

语文课堂教学结构一般包括以下五个环节。

（一）阅读指导

教师要善于指导学生读书，给学生介绍一些切实可行且行之有效的方法，向学生提出读书的具体要求。

（二）质疑设问

　　古人曾说，"尽信书不如无书"，这句话告诉我们不要死读书、读死书。同样，教师在进行教学时，也不应只是单纯死板地将知识点传入学生的头脑中，而是应该引导学生进行提问和反问。当学生向教师提出问题或对教师讲述的知识进行反问时，就表明学生已经融入学习，这才是学习的真正意义。当然，为了激发学生的探究精神，教师可以向学生提出一些问题，以此提升学生的求知欲。

（三）释难解惑

　　问题提出后，怎样解决？谁来解决？自韩愈在《师说》一文中提出教师的三项职能是"传道、授业、解惑"之后，这些问题的答案似乎是不言而喻的了。教师可以"解惑"，学生之间也可以互相"解惑"，提问者在继续学习、思考或受他人启发后，也可为自己"解惑"。一句话，可以通过师生共同讨论的方式来取得共识、获取新知。

（四）总结提高

课堂教学不能只停留在使学生获取新知的阶段，而必须进一步走向使学生的新知转化为智能的阶段。因此，教师应在学生掌握新知之后，及时地引导学生自己总结方法、规律，以提高自己阅读和写作的能力。学生在阅读和写作的实践过程中，不断地积累着感性认识和理性认识。在此基础上，教师适时地加以点拨，学生就有可能从个别到一般地归纳出规律性的东西，从语感中悟出深刻的道理。这就是让学生从自行发现问题、发现知识到自行去概括，得出结论。学生的读写能力正是这样形成的。

（五）巩固深化

人们的认识不可能一次完成，学生的认知和智能的形成也不可能一次实现。这就需要有一个巩固深化的阶段。教师可精心设计练习，及时反馈学生认知和智能形成的情况，并及时予以矫正，使不同层次的学生都能得到具体的切实的帮助。教师要明确练习的目的是"反馈"与"矫正"，是对学生认知和智能形成的巩固与深化。因此，搞题海战术，练习以多取胜，以练代学，都是不可取的。语文课堂教学结构的五个环节环环相扣，逐层深入，体现了学生认知的过程和智能形成的过程，体现了由浅入深、由易到难、由知识转化为能力的循序渐进的过程。

二、课型结构优化

教学过程各个阶段所需完成的具体任务是不同的，所以教师在每节课开始前都需要做不同的准备，不同的语文课型有不同的教学任务，需要不同的讲课方式。常见的语文课型有以下几种。

（一）导读课

学生在教师指导下自读课文，这是教师指导与学生自读的结合，即课内自读。导读课以学生自读为主，教师指导的作用是"提纲挈领，期其自得"，其内容包括阅读以前对于选定教材的阅读方法的提示及阅读以后对于阅读结果的报告与讨论等思考讨论题目，可由教师事先拟定，也可由学生自读后提出。这类课十分鲜明地体现出学生的主体作用，但教师的主导作用也是不可忽视的，因此，审核他们的报告，主持他们的讨论，仍是教师的事；其间自不免有要订正与补充的地方，所以还是指导。

（二）讲读课

讲读课是教师讲解与学生阅读相结合的课堂教学形式。一般用于精讲精读课文的学习。教师的讲解很重要，有时甚至应"纤屑不遗，发挥净尽"。但讲什么、怎样讲，却是需要教师认真考虑和设计的。讲什么，当然要根据课文内容和教学的目的、要求，也要根据学生对课文的理解程度，力求有的放矢，针对性强。怎样讲，还是以启发式为好：提出问题，促进学生思考，引发学生讨论，适当处教师加以点拨，使学生自然地得出结论，这样，学生的理解会比较深切。

（三）讨论课

教师在教学中不仅要扮演教育者的角色，有时还要扮演引导者的角色，引导学生对一篇文章或一个专题进行课堂讨论是十分必要的。为了提升讨论的激情，讨论的专题需要有一定难度，或能引出激烈的争论，使全体学生对专题产生浓厚兴趣，积极参与。例如，"朱自清散文的特色""白洋淀派小说的风格""周朴园的思想性格""鲁四老爷是杀害祥林嫂的元凶吗"等就很有讨论的价值。讨论课应事先要求学生做好充分的准备，拟好发言提纲。

（四）朗读课

朗读课是以朗读为主的课堂教学形式。诗歌、寓言、写景抒情和状物咏志的散文（过去称"美文"）以及戏剧作品，都可以朗读为主要形式进行教学。语文是言语学科，重视朗读是它的一大特点。传统的语文学习，重视朗读的功夫，这是心、眼、口、耳并用的学习方法。师生反复朗读课文，可以深入体味作品的思想感情和表现手法、遣词造句的佳妙。这不是教师讲解和学生讨论所能代替的。教师要讲解一些朗读常识，引导学生在朗读中掌握好逻辑重音、停顿、语调和节奏，并做示范。朗读方式可以多样化：或个人朗读，或分角色朗读，或集体朗读。

（五）速读课

随着当今社会日新月异的发展，在教育过程中我们也不能仅仅阅读基础的书目，需要学生了解的知识领域在逐渐扩大，面对"书山"的挑战，学生无法把每一本书都精读下来并消化。正因为如此，快速阅读法应运而生，它能够通过训练技巧使人快速地获取书籍中的有效信息。有些人会认为这种阅读方式只是表面性的阅读，毫无意义。恰恰相反，快速阅读法是一种符合当今大趋势的、积极的、具有创造性的阅读理解过程。教师要向学生介绍这种阅读法，帮助学生在实践中掌握这种方法的要领，学会整体阅读和鉴别阅读，并用各种检测手段来了解学生捕捉信息的能力形成的状况。

（六）作文指导、讲评课

教师在学生作文前进行指导，作文后进行讲评，这是写作教学的两个重要环节。教师指导的内容包括：观察，分析客观事物；审题，拓展思路；立意，选材；布局谋篇；不同文体的做法；等等。可以结合课文教学进行，以教材作为学生写作的范例，也可以提供可参考借鉴的文章。教师在普遍指导的基础上，应进行个别帮助。作文讲评要求目的明确、重点突出，收到切实的效果。讲评有多种方式：学生的基础不同，理解能力不同，就会导致作文的文字优美度及文章结构有所差异，教师需要仔细阅读学生上交的作文，进行批改，画出亮点、指出不足，让学生在拿到批改过的作文时能够清晰地知道自己的优缺点，以便日后进步。每次作文批改过后，教师可以挑出几篇有代表性的文章在课堂上进行点评，让更多的学生能够汲取这些文章的优点并且在以后规避其中的缺点。教师也可以挑出几篇优秀的文章，由学生自己朗读，教师组织学生评论；可印发一两篇学生作文，教师指导全体学生评改，并展开讨论；可采用对比的方法——作文与课文对比、原稿与修改稿对比、优秀作文与较差作文对比，并进行评议；可单独建立作文专题，如修辞、语言、结构等进行评论；可组织学生写出作文后记，在课上发言，谈心得体会，教师总结，揭示写作的规律；等等。教师在讲评中一定不要伤害学生的自尊心，要保护学生的积极性。

语文课型不限于上述六种，还有综合性的课型。在实际课堂教学中，即使是同一种课型，也会有多种形式。形式是受内容决定的。不同的课文、不同的教学内容、不同的教学目的和要求，决定不同的教学形式。而且，还要考虑到教育对象，应从学生的实际出发，讲求教学的客观效果。另外，就教师而言，个人总会有自己的教学风格和特点。教师也要善于扬长避短，发挥个人的优势，使课堂教学富有鲜明的特点。

第二节　听说读写相辅相成原则

一、有目的地培养学生"听"的能力

（一）要培养学生"听"的兴趣

要想让学生更好地融入课堂，就需要把课堂变得生动、有趣。所以，培养"听"的兴趣是极其重要的。培养中，学生可以通过"听"将自己带入文章中。如《山的那边是海》让学生体会到儿时的天真和长大后不断为目标奋斗的决心，再如《三峡》让学生感受到三峡的宏伟壮阔。在培养"听"的同时，也会培养学生的探索精神，让学习变得更加容易。

（二）要培养学生良好的"听"的态度和习惯

每位学生的性格、经历、接受能力都是不同的，所以教师在教学过程中不能一成不变地进行教学，需要用不同的教学方式进行引导。并且，学生和教师在课堂上应该是平等的，教师可以与学生通过各种方式交流，教师也要认真聆听学生的观点。

（三）要培养学生掌握"听"的科学方法

我们对"听"的定义和理解不要浅显地停留在单纯用耳朵听和记，"听"也是有技巧和方法的，在"听"的过程中我们还要将所听到的事物在大脑中构建出画面，以便加强对知识的理解。这种能力并不是学生天生就拥有的，它的培养需要教师在教学过程中逐渐进行引导和指导。通过一段时间的练习之后，学生就会形成在"听"的过程中对知识点信息进行过滤吸收并且快速构建知识框架，加强记忆的能力。

二、有计划地培养学生"说"的能力

（一）在课堂内进行"说"的训练

应试教育的课堂在培养学生"说"的能力方面是失败的，以往我们的教学课堂绝大部分时间都是教师在讲课，一把戒尺、一方讲台、一名教师就组成了一堂课。在这种教学模式下，学生就会逐渐丧失"说"的能力，学生沟通能力的丧失会导致"高分低能"的社会现象。所以把课堂交给学生是有必要的，要让学生在课堂上畅所欲言，培养他们的交流能力，在这种积极的语言环境下，学生的语文水平将极大进步。通过对"说"的训练，学生在课堂上会大胆提出自己的疑问和见解，教师和学生共同围绕提出的问题去思考，这样更能引导学生爱上语文这一学科，提高他们交流的能力。

（二）在课堂内进行"说"的实践

"实践是检验真理的唯一标准。"提出加强"说"这一观点并不是空穴来风，我们可以在课堂上锻炼学生"说"的能力，如阅读课文、自我介绍、文章朗读和故事比赛等。通过开展这些活动，会发现学生已经发生了较大的变化，变得更加自信、更加灵动了。

（三）在课堂外进行"说"的实践

关于"说"的能力的培养，不仅可以在课堂上进行，课堂外的实践也至关重要，内容形式也更加丰富，辩论会、班会等提升学生交流能力的活动都是可取的。开展这些活动能更好地提升学生的社会交际能力和面对困难的临时反应及应对能力。

三、有步骤地培养学生"读"的能力

（一）要激发和培养学生"读"的兴趣

语文教材中的篇章都是经过科学筛选的范文，具有典型性、科学性、实用性等特点。教师要充分挖掘教材中"读"的趣味点，对范文的谋篇布局、风格特点、题旨意境等进行生动的分析和点拨，使学生想读、爱读，最终达到理解文章、为我所用的目的。

（二）要注意训练学生的泛读能力

训练学生的泛读能力主要体现在引导学生广泛阅读课外书籍，尤其是名家名著，鼓励学生多读书、读好书、好读书，增加课外阅读量。在泛读的基础上，让学生养成良好的读书习惯，提高学生读书的速度，培养学生速读的能力。

（三）要培养学生掌握科学的阅读方法

培养学生掌握科学的阅读方法是语文教学的难点。达尔文说："最有价值的知识是关于方法的知识。掌握了方法，就掌握了金钥匙。"教会学生科学的阅读方法，能使其终身受益。

有步骤的阅读方法包括读书、理解、领悟、应用，最终形成一个有机整体。首先是读书，可以提高学生学习的兴趣，使学生养成良好的学习习惯。其次是理解，训练学生的阅读思维能力，使学生能够快速地掌握书本内容的结构、思路、特点。再次是领悟，注重读后有所启发、有所感触、有所创新，使学生能写出自己的体会和感想。最后是应用，使学生将书本的知识和自己的体会运用在实际生活与学习当中，以检验自己的阅读成果。

四、有意识地培养学生"写"的能力

教学实际中，"写"往往只是一种被动的训练。语文教学上的"写"，应该是一种让学生学会观察生活、思考人生和表情达意的创新方式，是一个充满活力的心理行为过程。

（一）指导学生注重平时的观察、思考

"艺术源于生活"这句话说得一点没错，语文就是艺术的一种表现形式，所以对生活的观察和体验是学好语言、提升学习兴趣的一种有效方法。学生正处于思维扩散较发达的年龄段，老师应该引导学生用语言描述出自己的所看、所思、所想，并结合不同学生的特点进行不同的指导。

（二）注重对学生的写作训练

对于写作的初期训练，记叙文的形式是最好的开篇。通过对生活的记述，可以更好地培养学生写作的逻辑性，避免了学生在写作初期由于对写作内容的迷茫而产生厌烦心理。可以以一个方面的说明、一个角度的论述为基础，逐步积累写作经验。同时，教师还要及时对学生作文进行指导，上好作文讲评课。

（三）有意识地培养学生的写作能力

想象力和创造力是科学技术发展不可或缺的能力，在以前的教育模式中最缺的就是想象力，而想象力要从小培养。在课堂上对文章进行续写和编写是

提升学生想象力的途径之一，在进行文章续写之后，每位学生都会有自己的观点，这时就可以开一场辩论会，不仅可以提升学生的写作能力，也能提升学生的交流能力，一举多得。这种活动的频繁举行可以潜移默化地培养学生的思考能力，即使以后这样的活动越来越少，但由于学生已经形成了思考的习惯，即使没了教师的引导，也会自觉地想象和自主练习。

通过上文对"听、说、读、写"四种基本能力的阐述，我们可以清楚地发现，这几种能力已经逐渐形成了一个统一的整体，相辅相成，缺一不可。只有抓好这四种基本技能的培养，我们才能更好地提高课堂效率，提高学生的思维能力和语言运用能力，以达到全面提高学生语文素养的目的。

第三节 语言训练与思维训练相结合原则

在教学过程中单纯地进行语言方面的训练是远远不够的，只有在进行语言训练的同时进行思维训练，才能有更好的教学效果。要想高质量完成教学，需要做到以下几点，把握好以下几种关系。

一、处理好语言和思维训练与听、说、读、写之间的关系

（一）要注意在听、说、读、写的过程中必须突出语言和思维的训练

在教学过程中，许多教师存在以下误区：一是认为学生只要在平时学习中专注于听、说、读、写四种基本技能的训练，就能够提升语文素养和成绩。但其实一味地训练这几种基本技能往往只会事倍功半，我们需要在训练中重视思维的重要性，在阅读、聆听、书写、叙述的过程中不断思考，从而达到学习的最佳状态。二是认为只要训练学生听、说、读、写的能力，学生的思维能力就会跟着上升。这种思想是不正确的。虽然两者之间有着密不可分的关系，但也需要有意识地互补才能提升学生的思维能力。要走出上述的两种误区，最重要的是要对听、说、读、写与思维之间有着正确的认知，只有同时提升这两个方面的能力，学生的语文水平才会进一步提升。

（二）要注意语言和思维的训练必须结合听、说、读、写等活动来进行

只重视听、说、读、写的训练会导致事倍功半，同时，只注重思维训练也是不可取的。因为思维训练不是单独去培养学生的思维能力，把思维与听、说、读、写能力分开训练，这会使学生的思维能力只拘泥于形式而缺少灵动性，空有形式上的思维能力，一旦面临实际问题时就会显露出弊端。同样地，听、说、读、写缺少了思维的支撑，就会像行尸走肉一样，空有躯壳、缺少灵魂。所以在进行听、说、读、写训练时锻炼思维能力，在思考中穿插着听、说

读写能力才是学习语文的正确方法。

二、处理好语言和思维训练同知识经验的积累及非智力因素发展的关系

"艺术源于生活"这句话是对艺术的高度概括。文学作为一种艺术形式并不是凭空产生的。有些人认为，只要不断开发学生的智力，提升学生的思维能力就能够让学生学好语文这门课。这种想法是错误的，举一个简单的例子：在写作文的时候，如果没有亲身经历的感性的生活，单纯地凭借理性的思维去描述，得到的文章只会是满篇华丽空洞的词汇而已。正确的方法是：在丰富学生亲身经历的基础上，提升学生的思维能力，以便学生在以后的语言或文字交流上能够表达出自己的真情实感。但是学生体验生活、感受生活的能力并不是天生就有的，这需要在日常生活中家长与教师共同引导，让学生在生活中善于发现和分析事物的根源，勤于思考，培养其感性的经验和经历。在经历生活中的各种事物之后，让学生通过语言、文字等表达形式描述出来。这个过程既培养了学生的思维能力，也培养了学生的表达能力，还促进了学生对生活的感悟，可以逐渐培养学生勤于观察、分析事物的习惯。当然，学习并不单单靠自己独自摸索，合理有效地借鉴也是学习的必要途径。学生要养成良好的阅读习惯，在阅读过程中体会作者的情感变化及写作形式构成，在自己以后的写作中做到完美地套用。只有大量阅读，集百家之长才能提笔成文，不至于在写文章时逻辑空洞，词汇枯燥。总的来讲，观察生活、体会生活、增长经验，勤于阅读、提高文化素养对于语文能力的培养是极其重要的。

以上我们强调了智力因素对语文能力的培养具有至关重要的作用，但非智力因素的作用也是我们不能忽略的。它包含兴趣、情感、动力等。绝大部分的非智力因素是要经过后天培养的，这就需要教师承担起培养学生非智力因素的责任。从兴趣这一方面来讲，如果教师的教学方法出现问题或者教学方式不能契合学生，就会导致学生在学习过程中逐渐丧失学习的动力，长时间处于这种状态，学生就会逐渐丧失学习思维和自主学习的能力。此外，就情感角度来讲，人是感性动物，任何好的文学作品都离不开文字间丰富的情感来烘托，如果在学习过程中教师不能正确引导学生的情感走向，学生的思维和未来的发展必然会受到阻碍。综上所述，提高学生的语言水平和思维广度，非智力因素的

培养是重中之重。

总的来说，要想学好语文这门课，就需要牢牢把握思想训练和语言训练的关系，平衡两者的占比，既要避免语言训练占比过大导致的思维的缺失，也要避免思维训练占比过大导致的缺少结构的现象，要做到两者互补相融、和谐共存地发展。

之所以如此重视思维与语言的关系，是因为它们在语文中是不可或缺的两部分，对语文的学习都有着重要作用。学习语文需要用思维进行思考，在思考过后要有完整的语言体系对思考内容进行表达。离开了思维，再好的语言都没法正确表达真情实感。离开了语言，再丰富的情感都没法完整阐述出来。两者缺少一个，都不能称为语文学习。

思维训练在语文这门课上并不是简单的思考，而是与语言训练共同组成的一种思维模式。通过教师的传授、学生的消化吸收，学生每学到一种表达方式（可以是一种修辞、一种结构，抑或是一个新的成语），他就有了一个全新的思维方式。通过不断练习改造，这些传统的表达方式就会逐渐融入学生的语言逻辑，长时间锻炼，学生就会以思维、语言作为媒介来成就语文的学习水平高速发展。

学生如果在学习过程中能够不断感受生活，在生活中培养自己的思维能力，又在课堂上刻苦学习，学会大量的语言艺术，通过自己的融合将两部分合理规划，慢慢地，就会发现，自己的语文水平正在稳步提升。这样看来，语言和思维是当下语文教学中的核心内容。

第四节　课内教学与课外学习相结合原则

对于学习，学生和家长们不能单单把这项任务交给课堂，课后与课上的学习相结合，才是学好语文的必经之路。这一点在学术研究及实践中、在广大教师中是有共识基础的。语文教学过程中，以课内教学为基础，把课内教学和课外语文学习结合起来，使有限的课内教学向无限的课外学习延伸和发展，通过课内外学习的相互配合、相互促进，提高语文教学的质量和效率。这项原则是对语文课内教学与课外学习之间辩证关系的科学反映。同时，语文教育发展历史也表明：坚持课内教学与课外学习有机结合、相互促进是全面提高语文教学质量的必由之路。

工具性是语文学科的属性，要求语文教学要使学生形成能力，学以致用，既能够听、读，又长于说、写。听、说、读、写是人们表情达意、交流思想和信息的方式，一方面，必须和社会生活取得联系，在社会生活实践中形成，并最终接受社会实践效果的检验；另一方面，听、说、读、写能力是非经反复训练不可的，紧紧依靠课内有限时间，空间和有限的训练材料是远远不够的，要想训练有效必须向课外扩展。课外语文学习为听、说、读、写等语文活动提供了更广阔的天地。语文学习的外延与生活的外延相等，从家庭生活到社会生活，从衣食住行到世间百业，语文学习无所不在，其范围之广泛、形式之多样是课内语文学习所无法囊括的。充分利用可以加强从知识到能力的迁移效果。在学习效率上，课外语文学习也有诸多优势。课外学习具有不定向性，学生可以根据不同的性格、不同的需求、不同的兴趣爱好去了解适合自己的学习形式和内容，有利于因材施教，同时课外语文学习更加贴近生活，学习的情境性更强，语文的工具性特点更突出，有利于提高学生学习积极性。可以说，从学生形成语文能力的全过程看，语文学习是不应也绝不可能划分课内、课外的。

随着素质教育在语文教育教学中的逐步落实，语文教学除完成传授知识、培养能力、开发智力的智力目标，培养思想道德品质的德育目标及提高审美思想的美育目标外，更应在发展个性、增强信心、激发兴趣、传授方法、增长才干、培养开拓创新方面发挥优势，让每位走出校门的学生都是既具有聪明才智又拥有丰富思想感情和健全人格的"大写"的人。显然，以组织性、计划性、集中性、统一性见长的班级授课制，无法满足语文素质教育的要求。只有冲破单纯的班级授课制，使教学活动向课外、向社会、向生活方向拓展，提倡"大语文教育"，采取"一体两翼"的教学结构（一体即课堂教学主体，两翼分别指语文学习环境和语文课外活动），优化学习环境，课内、课外相互结合协调统一，才是解决课堂班级授课制与语文素质教育之间矛盾的出路，这也是确定课内、课外语文学习结合的现实依据。

由此可见，课内、课外的学习都是极其重要的，课内的基础学习为课外的学习提供了保障，课外的学习对课内的知识进行了升华。课内与课外相互补充、相互促进、相辅相成是语文教学的又一客观规律，认识与利用这一规律指导语文教学就可以做到得法于课内，增益于课外，促使语文教学整体效率提高。相反，如果忽视这一规律，只重视课内而忽视误外就等于飞鸟折了一翼，飞不起来的将是整个身体，而不仅仅是一只翅膀。那么，如何在语文教学中贯彻这一原则呢？

一、树立"大语文教育"观念

"大语文教育"是顺应时代发展而产生的一种科学的语文教育思想体系。这一体系的基本思想是强调以下几个方面。

（一）强调语文教育与社会生活的结合

通过"一体两翼"的教育结构使语文教学以课堂教学为轴心，向学生生活的各个领域拓展，全方位地把语文学习与他们的学校生活、家庭生活和社会生活有机地结合起来，把教书与育人结合起来，把知识学习、能力培养、智力开发及非智力因素的培养结合起来，确保学生接受全面的、整体的、能动的、网络式的培养训练。

（二）强调语文教学与其他学科教学的有机结合

"大语文教育"思想着眼于学生的综合素质的全面发展，追求语文教学内容、教学过程的开放性，使语文学习渗透到学生的一切社会文化环境之中，发展学生个性，进而培养学生成为具有能适应时代要求的知识、能力及人格均健全的新人。

正确认识"大语文思想"，必须首先重新认识课内与课外的含义。语文教学的发展趋势表明，课内教学不再指传统的由固定的教室、固定的学生在固定的时间内学习统一教材的教学组织形式，而是指师生按照国家教学计划的要求和新课程标准，完成语文基础知识、基本技能、基本方法以及初步认识能力的培养训练任务。所以，即使是课内教学，也不拘泥于固定的场所、统一的形式，只要以训练学生的基本语文素质为目标，便可认为是课内教学；同样，课外教学也不再单指安排在教学规定的时间之外的"课外活动"，而是泛指与课内教学紧密相关的，对课内教学起强化巩固、实践运用作用的所有语文学习形式。课内与课外已不存在严格的界限，它们之间只有学习目标不同，没有学习形式上的差异。明确这一认识，才能在教学实践中更好地把课外学习的方法、手段引入课内，把课内学习的经验引向课外；把学生已有的生活经验引进课堂，把课堂所得延伸到生活中去。两项内容协调发展、共同提高。在进一步认识"课内""课外"含义的基础上，语文教师还应明确"大语文教育"对课内教学提出了更高的要求。树立"大语文教育"观念，坚持课内教学与课外学习的有机结合。充分发挥课外语文学习的优势，是以高质量的课内教学为基础和前提的。课内教学有统一的教学计划、教学内容和质量检验标准，其传授知识、训练能力的系统性是课外语文学习所无法比拟的。没有课内学习的思想基础、心理素质、知识和能力，就难以卓有成效地开展课外学习。因此，课内教学必须以其较高的质量水平，为课外学习打下坚实的基础。

二、发挥主体性，加强计划性

不确定性、灵活性和自主性是区别课内学习与课外学习的标志。课外学习的特点之一：自主开放性，需要教师做到积极引导而不是积极指导，若在课外学习中，教师还只是单纯地如同在课内课堂中一样灌输知识，就会让学生产生厌烦的心理，因此，学会"放手"就成了教师需要上的一堂课。但是自主开放并不意味着为所欲为，任何事都要讲究一个"度"，学校和教师在提供自由学习的环境的同时，还要将学生限制在合理的圈子内，教会他们做控制环境的主人，不要因为过于放纵自己而成为环境的奴隶。这就需要教师在上课时做好详细的规划和应急处理方案，保证课内学习与课外学习的联系，不要在教育过程中走弯路。

　　语文教学的各项原则组成是一个完整的体系。在教学实践中，它们各负其责又相互配合，从不同侧面指导着语文教学，教师只有全面、深刻地把握各项原则的本质、特征、要求，了解它们之间内在的逻辑关系，并能在教学过程中准确灵活地运用，方能收到理想的效果。

第二章

小学语文教学艺术

第一节　语文教学艺术理念

艺术是一种美的追求，也是美的方法和手段。语文教师在语文教学中要树立艺术的理念，运用艺术的方法，实现理想的效果。在追求语文教学艺术理念时，我们要把握这样几个方面。

一、语文教学要遵循美的规律，追求美的教学境界

语文教学艺术是一种"美"，在语文的学习中，美随处可见。例如，语言文字中描写的四季景色之美，穿越时空的对话之美，音乐旋律之美。美在这世间无处不在，我们缺乏的只是发现美的眼睛和描绘美的能力。在描述美的过程中可以逐渐刺激学生的学习激情，加强学生的学习欲望，让学生在美的世界里翱翔学习。

二、语文教学要使学生愉快地学语文，使语文教师愉快地教语文

教师进行教学的过程，也是提升自身审美的过程。美是永无止境的，是人类不断追寻、不断突破的目标。要在教学中达到美的教学目标，就需要教师对教学内容进行创新与创造。教师要在学生的学习过程中，对学生进行点评与评估。对自身能力的自信，对课前准备、课中讲述、课后跟踪的教学方式的准备，都会直接影响教师的教学课堂。只有进行充足的准备，才会在课堂上大放异彩。

三、教学艺术就是审美化的教学活动

教学艺术的发展是永无止境的，每一次对于教学艺术的讨论，都会成为今后语文教学方式的一种升华。语文教学艺术一般是指在教学前的准备工作、在

教学中的讲课能力等。语文艺术是一种动态的艺术，是具有创造性的，因为有了这种特性，语文艺术包括在行为艺术中。

四、语文教学艺术往往具有个性化的教学风格

艺术化当中必然有个性化。个性化是有效体现语文教学人文精神的重要手段。语文教学中需要教师的积极参与和投入。但是每位教师的教学经历、年龄、性格、家庭等均是不同的，所以他们在对教材的理解上具有强烈的差异性，往往这种差异性会传播到学生中去，引导学生探索思路、把握主旨、鉴赏意境。实际上，语文教学的风格就是教师人格的外化。因此，语文教师应不断丰富自身的学识，提高自身的修养，在教学中努力发挥自己的特长。

课堂教学艺术包括的内容很多，这里仅从以下四个方面谈。

（一）导入新课的艺术

良好的开始，是成功的先导。各项工作如此，教学也不例外。做好导入新课，可以产生先声夺人的效果，为整堂课的进行打好基础。有经验的教师上课，非常重视导入新课的艺术。巧妙地导入新课，可以强化学生的求知欲望，激发学生的学习兴趣，使学生善于思考问题以及培养学生的定向思维。具有导课艺术的教师，往往能把学生分散的注意力迅速集中，活跃课堂的气氛，收到优异的教学效果。所以，善于导入新课，是讲好课的重要一环，是教师应掌握的基本功。

导入新课的方式，根据不同的学科、不同的内容，教师可以灵活掌握。常用导入新课的形式有以下几种。

1. 设疑提问，导入新课

讲课一开始，教师要善于提出富有思考性的问题，使学生集中注意力，积极思考。如在教学《梅花魂》一课时，让学生思考："题目'梅花魂'中的'魂'是什么意思？"一石激起千层浪，学生进入了求知的状态，并在好奇心和求知欲的驱动下产生了强烈的探究动机与积极的探索行为。又如在教学《花钟》一课时，可以引导学生思考：大家都见过什么样的钟？再让学生思考：除了同学们见到的这些钟，大家还见过其他可以计时的钟吗？这样由教师提出问题，学生带着求知欲去听课，可以收到事半功倍的效果。

2. 直观演示，导入新课

使知识形象地进入学生的头脑，也是教学的一门艺术。一些抽象的知识，通过直观演示的导入，能使抽象的知识具体化，为学生提供和积累丰富的感性经验。有的学科的教师，通过挂图、模型、实物等引入新课，能使学生提高兴趣，充分感知，加深理解，增强记忆，培养观察力和想象力，有效地发展智力。如教学《延安，我把你追寻》一课时，针对内容，我利用多媒体播放歌曲《南泥湾》。然后抛出问题：这首歌唱的是哪里，发生了什么巨大的变化？通过歌曲的效果来感染学生，让学生将歌词内容记熟后学唱歌曲，导入新课。又如教学《触摸春天》一课时，我让学生上台表演盲人。通过表演，学生感到盲人生活的不方便。此时，我趁机告诉学生，有一位盲人小女孩虽然看不见事物，但是她热爱生活，感触到春天的美。她是怎样触摸春天的呢？让我们去阅读课文吧！这样会使学生产生兴趣，调动阅读积极性。

3. 激发感情，导入新课

人的思维活动不是凭空产生的，而是借助情境的刺激作用。在教学环境中，教师善于创设情境，正是引起学生创造性思维的重要条件。导入新课时教师如果能充满情意地感染学生，学生便能主动学习，提高学习兴趣。在语文、政治、地理等文化课中，开头，教师可以满怀感情讲述我国令人神往的名山大川、著名的旅游胜地。如教学《桂林山水》一课时，我这样说，我们伟大的祖国，山河壮丽，有无数名山名水，它们像熠熠生辉的瑰宝，装扮着中华大地，引得一代又一代的仁人志士、文人墨客为之倾倒，为之歌唱。去过桂林的同学，也许你会思绪倒流，可能会真切地感受到"桂林山水甲天下"；没有去过桂林的同学，也许你会展开想象，想一睹它的真容，就让我们一起走进陈淼的《桂林山水》。这样导入新课，创设一种情绪气氛来感染学生，会激发学生学习的积极性和主动性，使学生带着一种激情来学习。

（二）课堂讲授的艺术

在各种教学中，讲授能向学生高效率地传授知识和技能，发展学生的智能。优秀的教师上课，总是认真讲授，准确无误，方法灵活多样，重点突出。每堂课，教师要讲授的内容很多，但是，究竟开头怎样讲，中间怎样讲，结尾怎样讲，哪些应精讲，哪些应提问，哪些应练习，哪些应自学，所有这些都应全面安排，做到心中有数，切忌盲目、无计划，照本宣科，平铺直叙，轻重不分。在各教学环节都安排恰当的前提下，课堂讲授的成败主要取决于语言，即取决于教师语言的艺术。苏霍姆林斯基曾说：教师的语言修养，在极大程度上决定着学生在课堂上脑力劳动的效率。所以，教师语言的艺术要体现出下面三个特点。

1. 教师语言的准确性和精练性

在各科教学中，学生通过教师讲授来学习领会知识。教师的语言，只有能为学生接受，才能提高教学效率。因此，教师讲授的语言必须准确、精练，逻辑性强，具有严密的科学性。

2. 教师语言的节奏感

在各科教学中，如果教师的语言具有节奏感，能更集中学生的注意力，能避免单调刺激，减少学生的疲劳，使教学气氛和谐轻松。例如，教师在讲授概念和重点问题时，声调要有力，语速要缓慢，要深入分析论述，给学生留下深刻的印象。讲授次要问题时，语速可稍快，声调可稍低。教师讲课的语言切忌太快、太慢、太高或太低。如在教学识字时，让学生知道春节是中华民族最重大的节日，可采用一首最有节奏感的儿歌来庆贺，边拍手边念：春节到，春节到；家家户户真热闹；吃饺子，放鞭炮；走亲访友祝福到。这样，学生会非常感兴趣。

3.教师语言的幽默感

课堂教学中的幽默，就是运用各种巧妙的、出人意料的或引人发笑的语言、动作与表情，以活跃课堂气氛，吸引学生的注意，增强学生求知的快感和启发学生的智力。实践表明，有兴趣的学习能使学生全神贯注，积极思考，凡是在满怀兴趣的状态下所学习的一切，学生常常能迅速掌握，可以提高学习效率。

（三）组织教学的艺术

组织教学是课堂教学的重要组成部分，是集中和保持学生注意力的一种手段，是一堂课顺利进行的可靠保证。组织教学不但要在上课一开始时进行，而且应贯穿在一堂课的全过程中。教师能否把准备好的教材内容，有成效地传授给学生，组织好课堂秩序，是一个关键的问题。组织教学工作应注意以下两点。

1. 组织课堂秩序，集中学生的注意力

在较乱的班级，教师如果不组织课堂秩序，就难以按计划完成教学任务。

即使在秩序较好的班级，开始也要组织课堂秩序。组织课堂秩序的方式常因教师而异，有的教师面对混乱的课堂和颜悦色，只用和蔼的目光、可亲的手势，学生就顿时安静。这说明组织课堂要讲究艺术性。如在教学课文《蚕姑娘》时，教师在分析课文，有的学生注意力不集中，教师采用猜字谜的方式引导他们："一只黑狗，不叫不闹"，谁猜到了就发奖品，学生的注意力一下子就全集中了。

2. 善于利用反馈信息，组织教学进程

在讲课过程中，要根据教学的内容和方法，组织好教学进程。如果在讲课过程中发现大多数学生表情都不对，如皱眉、瞪眼、精神萎靡等，说明他们没有很好地接收教师所讲的知识，教师就不能再讲下去了，应该问学生什么地方听不懂，必须重讲或辅导性讲解。

（四）课堂板书的艺术

王松泉教授说过："板书是反映课文内容的镜子，展示作品场面的屏幕；是教师教学引人入胜的导游图；是开启学生思路的钥匙，进入知识宝库的大门；是每堂课的眼睛，读写结合的桥梁……"这一系列的比喻生动地体现了板书的价值，也深刻地表明了板书在课堂教学中的重要性。板书既是教师增强上课效果的有力手段，也是教师必备的一项基本功。教师板书的好坏，直接影响着教学效果。精心设计的板书，能把所要讲的主要内容形象地展现在学生的眼前，使学生细致观察，充分感知，以领会要领，加深理解和记忆。同时还具有美感，能潜移默化地陶冶学生的情操。

教师一节课要讲的内容很多，不能把所讲的东西都写在黑板上，所以好的板书要具备中心突出、立意鲜明、眉目清晰、条理工整的特点。优秀教师上课，都会精心设计板书。板书不好或不写板书，都会影响到教学效果。

板书的格式多种多样，应用最多的是提要式、词语式、图示式、表格式等。不论采取哪一种形式，都必须做到以下几点。

1. 内容要确切，外形要规范

板书的内容，要重点突出，详略有别，确切，层次分明。板书的外形，要讲究规范、大小适当、工整醒目，严防模糊潦草、杂乱无章。

2. 要合理布局，新颖别致

板书的布局，要讲究格式，选择位置，合理而清楚地分布在黑板上，使学生易于观察和理解。设计板书，不要老是一个模式，要注意新颖别致，以集中学生的注意力，引起学生的兴趣，激发学生学习的积极性，从而获得最佳教学效果。

3. 讲解要与板书、板图相结合

在课堂教学中，教师既要精讲重点，又要展示变化多样的板书与板图，图文并茂。二者有机结合，更能加深学生对所学知识的理解，提高教学效率。

总而言之，课堂教学是一门艺术，对提高教学质量起着至关重要的作用，因此，每位教师都应对其深入地探索和研究。

第二节　语文教学艺术主要特征

一、具有内外结合的审美性

（一）探求教学内容的美

语文教材的编写并不是教育工作者随意而为的，面对浩如烟海的文章典籍，选文章的重要性不言而喻，所以教育工作者需要挑选一些可以集中反映出社会现象和艺术的文章让学生学习，每一篇文章都是经过精挑细选得到的，蕴含着无穷的美。在教学中，教师要精心钻研，吃透教材，把握内容精髓，挖掘其美的因素，把学生带入美好的艺术境界，通过美来引导学生的情感，提高学生的审美观，在不断的教学过程中完善学生的审美意识。

（二）塑造教师形象的美

自古以来，教师就是一个神圣的职业，他们教书育人，把知识传给下一代，他们的美是无可非议的。当然从辩证的角度分析，可以把教师的美分成内在与外在两种表现形式。外在美主要表现在教师的个人形象，在教学课堂上的谈吐、仪态动作都能表现出教师的外在美。举止得体，谈吐清晰，仪态大方都是对教师的外在要求。内在美主要表现在教师在教学过程中情感的抒发，如高尚的道德品质、坚实的知识修养、强大的心理素质等。内在与外在的完美结合，会使教师散发出独特魅力。

（三）引导学生对美的追求

1. 善于引导学生发现美

上文一直在强调美的重要性，归根结底，我们教育的是学生，所以我们的最终目的是让学生发现美，要将学生引入美的海洋中，让美的作品先在学生的头脑中形成画面。

2. 挖掘教材中的美，指导学生学会赏析美

翻开一篇篇文学作品，一幅幅情景交融的美景就会生动地展现在我们的面前，其中不乏社会美、自然美、形式美、结构美、人格美等。在语文教学中，教师应调动语文教学手段，从整体到局部，从字、词、句到篇章结构，从人物形象到思想品格，从内容到形式，引导学生品味、领悟、鉴赏、分析作品美的意蕴。字词是较小的语言单位，如果说一篇文章是一栋房子，那么每个字词就是其中的一砖一瓦。品味课文中的字词，就能更深刻地理解文章的中心。

3. 引导学生感悟生活和生命的美

语文教材展示的是形象美，但从形象具体的美中去感受人生，体验生活，就是一种思想的开拓、心灵的洗涤。在教学中要善于引导学生结合课文，启发学生联系生活，分析课文中人物的德行美，不断提高学生个人的思想品质。

在语文教学中，教师要以饱满的情绪去创设鉴赏、分析的氛围，点燃学生思维的火花，对作品做出较为客观的、正确的评价，辨别出事物的真伪、善恶、美丑，培养学生健康的审美观点和对美的鉴赏能力，培养学生美的情操，陶冶学生美的心灵。

二、具有师生互动的情感性

语文是抒发情感的工具，我们学到的每一篇文章都不是枯燥的，都是有深刻内涵的。有"飞流直下三千尺，疑是银河落九天"的壮丽场景，有莲花"出淤泥而不染，濯清涟而不妖"的精神寄托，抑或《茅屋为秋风所破歌》的抑郁不得志。面对错综复杂的文章的情感，教师需要进行深刻挖掘，率先感受，才能在课堂上传授给学生。

唐代诗人白居易在《与元九书》中说："感人心者，莫先乎情，莫始乎言，莫切乎声，莫深乎义。诗者：根情，苗言，华声，实义。"语文教学的内容，大多是情注其中的作品；语文教学的对象，是富有情感的学生。教学语言达到一定的艺术水平，渗透其间的情感定会感染学生。因此，教师要强化教学语言的情感性，突出不同教学内容的情感特征。同时，教师可借助其他教学艺术手段，通过一定的教学技艺把学生引入课文的特定情境，与文中情感的波涛形成冲撞对流。有时可以通过一个个小高潮逐层铺垫，以求涓涓溪流聚成滔滔之江河；有时可筑起道道"堤坎"，来实现情感的蓄势和积累，造出情感波涛涌动翻腾、奔泻直下的胜景……形成教师的情感与教学内容、教学气氛的协调统一、完美结合。

三、具有多元立体的形象性

（一）语言的形象功能

在进行对教材的讲解和对生活事物的描述时，教师也应该使用形象的语言文字进行表达，把那些抽象的画面运用各种修辞手法生动地传入学生的大脑中去，让学生学习时面对的不再是枯燥的文字，而是教师精心准备的画面。教师通过对文字的加工渲染，"状难写之景，如在目前"，使语言形象比文字形象具有更强烈的感染力。我们从特级教师于漪的教学中即能充分感受到教学语言的形象美。

（二）体态语言的形象作用

教学语言不只包括口头语言，体态语言也是教学中不可或缺的一部分。体态语言，顾名思义就是通过肢体语言与学生进行交流，也许一段苍白的话，在学生与教师之间只需要一个眼神、一个动作就能精确地表达，"只可意会不可言传"说的就是这种状态。往往肢体语言的表达更能体现出教师的真情实感，也往往是这些肢体语言使得教师能快速融入学生群体，与学生打成一片。增进师生关系，可以增强学生的学习兴趣，提高教师的教学质量和学生的学习效率，是教学中极其重要的一环。

（三）电化教学的形象化效果

随着科学技术的高速发展，目前的教学模式与传统的教学模式有了极大的变化，学校逐渐将科技融入教学。面对一些难懂的科目，如地理、化学、物理等，我们不需要亲身感受地理条件、化学反应状态及物理变化等，通过计算机、网络、投影仪等，可以让学生足不出户就能领略到大自然的风光和物理化学变化的神奇，使得枯燥的知识变得更加形象，使教学日趋生动，有声有色，感染力增强。

四、具有创新与激励的创造性

"创造是艺术的生命"这一文学艺术特有范畴内的至理，对于教学艺术同样适用。一位教师的本质力量可以在教学艺术上完美地体现出来。创造性是一位教师必备的品质，是一位合格教师不可或缺的能力。教师通过审美的思想，进行自主的创新活动。教师的审美表达是有绝对界限的，因为学生正处于三观发展期，需要教师把握美的尺度。对美的追求也是对美好生活的追求、对美好生活的奋斗。教师的审美会直接影响到教学艺术，一位具有较高审美水平的教师，不仅仅按照路线按部就班地进行引导，最主要的是他们可以通过自己的理解，把握事物的发展规律，提升自己的境界。语文教师以饱满的热情致力于语文教学改革，不断积累知识，提高科学文化素养，经过长期的磨炼和艰苦的探索，使自己发现美的能力提升，在不断完善自己的同时，自主创造出独特的教学艺术。

在一个完整的语文教学中，教师只是其中的一个角色，最大的主体还是学生。所以单靠教师的创造远远不够，教师应该在教学中积极引导学生去创造。通过不断地引导，让学生可以自主地进行创新学习，只有学生完整地完成一个创造的过程，一位教师才能说他的教学是成功的。教学的创造形式就是如此，两个教学主体——学生与教师缺一不可，师生共同合作，在不断的创新中培养学生的创新能力，教师在不断的创新中尽量减少自己的参与度，积极调动学生的积极性。教师对教材的理解深度也极其重要，要引导学生参与创造性的教学活动，在这些活动中使学生逐渐掌握创新技能。

任何教学艺术的创造都应是美的创造，任何教学艺术创造性的外部形态都应当是新颖性和美感性的统一。新颖别致是教学艺术创造特征的鲜明标志。每位语文教师都应把创造当作自己的自觉追求，努力向新的高度进取。语文教学艺术的创造性有其独有的特征。语文教学艺术的创造性体现在：本质上，规律性与创造性的统一；内容上，创造性教法与创造性学法的统一；形式上，新颖性与美感性的统一。

常言道："万变不离其宗。"这里，"变"即意味着创造，"宗"是指某种基本规律，在语文教学领域，就是指有关的语文教学的教育规律和教学原则。对教育规律的准确把握是创造的基础，对教育规律的灵活运用，是创造的标志。在教学活动中，存在制约着教学的主客观条件，包括教师与教学内容、教学对象、教学设备等。我们要准确地把握教育规律，从分析教学条件入手，充分认识教师的知识水平、智能结构等个性特点，把握教学内容的重点，在此基础上有所创新，真正发挥教学的创造性。教学的创造性，归根结底，就是使科学与实践相结合，把科学的原理变成我们创造性劳动的活的经验。

审美性、情感性、形象性、创造性是语文教学艺术的主要特征，这些特征不是单独体现的，而是语言、行为、规律综合的特质，它们熔铸成语文教学艺术的独特风貌。

第三节 语文教学主要艺术风格

不同的教学方式代表着不同个性化的教学理念，是教学艺术的升华，是一名优秀教师的教学走向成熟、臻于完美的重要标志。所以，我们在教学过程中要建立自己的风格，或风趣幽默、或妙语连珠、或旁征博引、或深刻精辟、或手段多变。

一、语文教学艺术风格形成的因素

要想培养出独特的教学风格需要时间的积累，不断地探索，不断地解决问题以完善教学风格。教学风格的形式并不是一蹴而就的。对语文教学风格的成因，可以从不同的视角来认识与把握。

（一）课堂教学艺术风格形成的内在因素

1. 认知水平

一个人的认知水平是有限的，但并不是不可进步的，它包含了各个方面，如认知的结构、认知的体悟和认知的表达等。认知结构，顾名思义就是教师的知识储备，知识的深度、层次、宽度等相互交融形成了教师的认知结构。当然，教师仅仅拥有对本专业知识的完整知识体系是远远不够的，由于教师是知识的传播者，面对学生，他们还需要涉及教育学和心理学的相关知识，教书育人并不只是教会学生知识，还要教会学生做人，关注学生的心理健康，只有这样，教师才能牢牢地把控课堂规律，完成教学任务。认知结构的不断完善和发展形成了教师特有的教学模式。体悟主要是指教师的悟性，因为教师曾经也是学生，他们的老师教给他们理论知识、做人道理，但是不可能面面俱到，有了完整的知识体系，教师还需要根据自身的感悟去发掘更深层次的东西，这些东西的深度可以直观地体现出教师能力的高低，不同的风格有着不同的优势。教师的表达就很简单了，它是指教师的教学表述方式，同样面对一个知识结构，表达方式不同，艺术形式也就不同。

2. 思维品质

教师在教学过程中会面临各种各样的问题，有的来自学生，有的来自课本，有的来自自身。面对这一众问题就需要教师能够灵活面对，也就是教师要有敏捷的思维方式。这种思维方式在教学中分为两大部分，分别是学科思维和教学思维。学科思维表现比较广泛，主要表现在思维的灵敏度、灵活性和条理性等方面。教学思维大多数时候指的就是在教学中观察学生的心理活动从而调整教学方式的过程。教学思维是从客观角度表现的反应能力，可以维持课堂教育的有序进行。思维感受性是指把理性的知识转变成感性的方式进行教学，是一种教学方式的升华，使课堂上的教学变得更加有趣，更加吸引学生。但是，由于不同教师的性格、理解能力不同，所以他们的教学方式不尽相同，从而形成了多元化的教学体系。所以，教师是一个具有丰富创造性的职业，面对外界环境的不断变化，如学生水平、教室环境、科技进步等，教师都需要不断完善自己的教学风格，紧跟时代变化，面对错综复杂的局面淡定处理，久而久之，教师就会在不断的磨砺中坦然处之，变得更加优秀。

3. 个性与人格特征

每个人从小生活的环境不同，有人生活在教育水平比较落后的农村，有人生活在发达的城市，受从小接触的事物的影响，他们会有不同的爱好、处理情感的方式和不同的气质等。面对不同个性特征的学生，如何正确平衡和引导学生的关系及引导学生共同学习进步是教学的关键。因为作为一名教师，其职责不仅仅是知识的传授，更是与学生人格魅力的共鸣。努力培养自己吸引学生的人格魅力，是一名教师最重要的使命，也是开启师生和谐共处这个宝藏的钥匙。拥有完美的人格，能够引导学生在正确的道路上健康地发展，对学生的一生具有重要的影响。由于不同的教师性格也是不同的，他们的客观理解、个性、心胸都是有差别的，正是有了这种差别，才会有完美契合的师生关系；正是有了这种差别，才会有百花齐放的教学方式。

（二）课堂教学艺术风格形成的外在因素

1. 学校教与学的环境

环境对一个人的成长起着至关重要的作用，学生在学习期间都处于学校这个大环境中，因此一所学校的校规校纪、校风校训对学生的影响是十分明显的。这也就是许多家长都想让自己的孩子考取名校的原因。

2. 学校课程结构和体系

不同的教师教育模式和不同的学校教育规划，是影响一所学校教育水平和教育风格的因素之一。过去传统课程结构单一，这就形成了传统的应试教育。但随着教学不断地改革进步，学生有了更多的选择。除了必须要学的必修课外，还增添了提升学生兴趣的选修课以及增强身体健康的体育课等，这些改革使教学模式变得丰富多样，为一些想要施展抱负的教师提供了一个大的平台。

3. 教材

教材是整个教育体系中不可或缺的一部分，从我们第一天上学开始到学业结束都需要教材的支撑。教材的编写需要尽量节省篇幅，又要让学生清晰易懂，所以知识点看起来是极其枯燥的，省略一些精彩的部分也是迫不得已。这样，教师的作用就显现出来了，他们需要还原出枯燥知识点中被省略的精彩部分，让学生有兴趣去继续学习。由于不同教材的编写老师不同，其能力不同，教学老师的能力也有差距，所以在课堂上就很容易出现有的老师很受欢迎，课堂十分活跃，有的老师的课堂却死气沉沉的现象。

4. 教学对象

我们国家把教育分为以下几个阶段：小学、初中、高中、大学、研究生。不同阶段的学生的思想是不同的，小学、初中阶段学生刚刚开始建立自己的三观，在接下来的几个阶段，高中、大学中逐渐发展成熟。学生的知识结构、智力水平的差异将会直接影响到教师的教学难度和教学质量。一名合格的教师应该学会面对不同阶段的学生，采用不同的处理方式，准确分析学生的心理活动、行为动机等，把书本的知识按照学生的个性进行处理，使学生能轻松地消化知识结构。

二、语文教学艺术风格的类型

依据语文教学自身的特点、风格，教师在课堂上的谈吐、风度，教师表现出来的修养、气质，教师对教法的选择、教学语言的运用，教学时师生关系的形态性，都可以作为分析语文教学风格的着眼点。语文教学方式各有不同，各有千秋。

（一）激情型

"登山则情满于山，观海则意溢于海。"从这句话中，我们可以体会到作者广阔的胸襟，拥有这种教学风格的老师往往对教学是充满激情的，他们热爱这份工作，热爱教书育人的过程，他们经常在课堂上激情地朗诵文章，这类老师一般都会有极高的文学素养和豁达的品格。或许我们有时也可以看到课堂外教师在讲述他多彩的人生经历，慷慨激昂。这类老师的学生往往都是积极向上、活泼开朗的。我们把这类老师称为激情型老师。

（二）严谨型

严谨型老师往往严肃认真。严谨的性格使得这类老师不苟言笑，教学严谨，层次分明，逻辑紧凑。在这类老师教育下的学生一般会有极高的水平能力，也会有严谨的思维能力以及干净利落的社交方式。

（三）睿智型

喜欢这类老师的学生和老师一样，喜欢创造性思维，墨守成规是他们的大忌。在平时的生活和学习中，这类老师带领的学生往往成绩会出现较大的落差。发散式的解题方式，一题寻求多解地思考问题是他们的特点。往往在面对新事物时，这类老师带领的学生会经常发现并能解决遇到的问题。在应试教育下，这类老师和他的学生处于下风，但是在高速发展的21世纪，我们唯独缺少的就是这些睿智型、思维发散的人来推动社会不断进步。

第四节 语文教学艺术风格的形成与把握

语文教学风格，从不同的角度可以划分出多种不同的类型，就具体教师而言，其自身风格亦有鲜明的个性特点，同时又在不断追求风格的多样性。语文教学艺术风格的形成标志着教师的教学已进入了炉火纯青、卓然不凡的高境界，它应当成为每位教师不断探求的理想目标。

一、语文教学艺术风格的形成过程

一名合格的教师必然要经过时间的洗礼和磨炼，随着时间的沉淀，教师会逐渐形成自己的教学风格，一旦教学风格形成，教师就会进入稳定化的教学模式，形成自己独有的教学方式。在形成自己独有的教学风格的过程中，一般要经历以下四个阶段。

（一）模仿性教学

模仿性教学从搬用他人成功的教学经验开始。在教师开始教学时，还没有形成自己的教学方式，也很难创造出一套属于自己的教学方式，这就需要从模仿他人的教学方式开始。但这只能解决燃眉之急，他人的教学经验毕竟不是自己的，不可能完全契合自己的个性、经历等。在搬用他人的成功经验的同时，要逐渐修整，不断思考，刻苦钻研，在他人经验的基础上，逐渐形成一套属于自己的教学方式，使自己开始独立完成教学内容。

（二）独立性教学

独立性教学是模仿性教学的后一阶段，这一阶段极其重要。在这一阶段，通过结合自己的自身情况，从借鉴的经验逐渐转变，形成特有的、符合自己的教学风格，也是在这个阶段，教师的教学方式开始有了自己的特征，在教学的过程中，这种特征逐渐被完善，开始进入下一阶段的升华。

（三）创造性教学

在经过模仿和独立性教学之后，墨守成规的教学方式已经不能满足上进的教师，他们开始在教学过程中进行潜移默化的创造性改革，去寻求最优的教学方式，研究学生的心理状态，充分调动学生的学习兴趣，对学生进行特定的教育，使学生都能得到全面的发展。或许教师都不知道：从他们做到这一步开始，教学艺术就已经开始发挥它独特的功效了。笔者通过自身的不断努力，不懈探索，在小学语文教学中逐渐形成了得到学生信服、赢得同行赞赏的教学风格——"重视朗读，以读代讲，读中感悟"。

众所周知，《桂林山水》是一篇写景佳作，全文以优美流畅的文字描绘了桂林山水独特的美。如何让学生感受到这种美呢？课堂上，笔者通过朗读，让学生领悟语言文字的魅力，激活学生的内心世界，引发其享受朗读的无限乐趣，享受到生活化的语文给他们带来的快乐，使语文学习变得生机勃勃和灵性跳动，同时为学生语言的发展提供了空间，促进了学生语感能力的发展，让学生感悟美、体验美，得到美的抚慰、情的熏陶，实现了积累、理解、转化、应用的语言实践过程，不但实现了以读代讲的教学目标，而且使课堂精彩纷呈、个性张扬，使学生的语文能力得到充分发展，潜能得到最大限度的发掘，教学质量得到有效提高。

（四）独特艺术风格的教学

在教师的创造性教学趋于稳定之后，他们的教学风格开始展现出鲜明的特点，他们不再因不能使每一个学生都同步发展而发愁，面对不同的教学环境和不同的学生，他们开始从容不迫地应对这些问题；他们开始追求自由教学，不拘泥于形式，不断帮助学生突破自身，也不断挑战自己，使他们的课堂教学模式真真正正成为一项艺术，向"自由王国"迈进。

全国优秀教师、广东省特级教师严杏，在20年的小学语文教学实践中，把语文课上成审美的、诗意的、富有魅力的课，她的成功秘诀是"诵读"。简简单单两个字，浓缩了她语文教学的精神，也是这简简单单的两个字，是她20年来模仿学习、独立创造、苦心求索、博采众长的结晶，形成了她语文课堂"书声琅琅，润物无声"的独特的教学风格。她的诵读教学，既继承了我国语文教学的优良传统，又有新的时代内涵。通过诵读，让学生读出画面、读出理解、读出感悟、读出韵致。在课堂上学生不是奉命读书，而是人和书融为一体，学生的阅读变成了心灵的絮语，灵魂的呼喊，是书在阅读学生的心灵，这就是有审美的语文教学、诗化的语文教学、富有魅力的语文教学。严杏老师独特的教学风格是小学语文教学的理想境界，她的教学风格使课堂精彩纷呈，成为学生个性张扬的殿堂。

二、语文教学艺术风格的把握

作为教师，不管其课堂教学艺术风格怎样，但其间的规律是一致的，就是在保持自己的风格的基础上，让40分钟的课堂保持活力、热度、激情。这是每一位教师都在探讨的问题，只是所思索的角度和表现形式各有差别。

（一）注重教学内容的疏密有致

古人在论及中国画的构图技巧时说："疏可走马，密不透风。"意思是说留下的空白可以用来跑马，用墨多的地方连风也吹不过去。这句话在语文教学中也极为适用，教师通过"疏"与"密"相结合的技巧来对学生进行辅导。

（二）注重教学方法的巧拙相叠

"拙"，这里指的是遵循常规，采用常规的教学方法。教学时守拙，就是要遵循大纲提出的基本教法；"巧"，指不循常规，灵活运用教学方法。教学中"用巧"，要符合教育学心理原则。在教学中，我们既要遵循常规，又要突破常规，两者结合运用，才能取得最佳的教学效果。如围绕重点部分读、思、议是突出教学重点的常规教法，这是"拙"；把重点的突破渗透到预习或专门性的练习中，这是"巧"。抒情性浓的课文，读读议议是"拙"，以读代讲是"巧"；意境优美的课文，引导学生把对课文的理解用语言表达出来（言传），是"拙"；引导学生通过想象进入课文所描述的情境（意会），是"巧"。常识性课文的教学，引导学生从部分到整体，逐一概括出常识性知识要点，是"拙"；提供相关资料，让学生参照阅读，加深对常识性知识的理解，是"巧"。教学中应根据课文特点，确定是守"拙"还是用"巧"，以求取得最佳的教学效果。

（三）注重教学程序的顺与逆融合

"顺"是按课文顺序安排教学程序；"逆"是不按顺序，而是或从结尾段导入，或从重点段教起。同时，教学中也常是顺中有逆，逆中有顺。如逐段讲读课文，这是"顺"，但在有的段落的讲读中，经常抓住结句理解段落内容，这是"逆",是"顺中有逆";抓住篇末的中心句来讲读课文,这是"逆",但抓住中心句后却又是按课文顺序来理解,这是"顺",是"逆中有顺"。教学程序是"顺"是"逆",应根据课文特点和学生的阅读基础确定。学生基础较差的,可以"逆"教的课文也应"顺"教,以利学生理解;学生基础较好的,可以"顺"教的课文就"逆"教;还可以"逆"中有"逆",以培养学生的推理能力。

（四）注重教学形态的动静结合

教学中的"动"是指讲解、朗读、讨论、操作,是"有声有行"的教学;"静"是指学生的默读、观察、思考、想象,是无声的教学。教学中的"动",活跃课堂气氛,能使学生保持注意力;"静"则有利于学生思维的深入。教学中,"动"多"静"少,表面上热热闹闹,但学生的思维很少参与学习,学习效果不好;"静"多"动"少,则学生容易疲劳,不能有效利用"静"的时间。因此,应考虑年级特点,"动""静"合理搭配,低年级以"动"为主,随着年级的升高,要增加"静"的次数,延长"静"的时间。

第三章

小学语文课程资源的开发与利用

第一节 小学语文课程资源开发

一、活化教材资源，丰富教学活动

以教材为依托、以课堂为平台，深刻挖掘课内资源。教材并不是万能的，它只是从千千万万篇文章中被挑选出来的，有代表性的幸运儿。教师不应该把教材看得过于神圣，它仅仅同纸笔、黑板、讲台一样，是教学的一种资源而已。合理地利用教材，把它当成课堂教育的一个引子，从而引申出各种符合教材思想的教学内容，让它不断变化形式。走进教材进行知识点梳理，走出教材大胆创新。

新课标的教材层次明确，教材的教学资源丰富。但即使是这样一本接近完美的教材，还是需要教师对其内部的知识点和教学资源进行整合，提出一种适合于当下教给学生的课程，在进行教材资源整合时，最重要的是因材施教，以利于提升学生的自主创新能力。打破传统教师仅仅是教教材的局限性，完成用教材的突破。

二、积极开发并合理利用校内各种课程资源

当今学生近乎所有的教学资源都是从学校获得的，学校是学生学习的平台，学校的建设会潜移默化地影响学生的性格、习惯等。教育资源并不单单是教学，学校的校训校规校纪、评比的板报、鼓励的标语、升旗仪式都是教学资源，它们提升的是学生的内在性格而非成绩。

三、增加学生实践机会，开发语文社会课程资源

学到的知识就要用于实践，如果只是为了答题的高分，那还不如不学。所

以在学生进行一定的知识积累后，学校应该定期组织社会实践，来提升学生的理论应用能力，使学生在应用过程中加深对理论知识的理解，一举多得。学生要多动手、多实践，提升自己的基本生活能力，避免成为"巨婴"。学习中应该积极鼓励学生自主创新，在实践中验证学到的理论。积极开设社会实践活动是十分有必要的。

四、注重课程资源个别化教学

由于学生之间存在着个体差异，如性格、基础、学习能力等会导致分数差距较大的现象，为了解决这一现象，教师应该先把分数高的学生、领悟知识快的学生充分利用起来。对他们的努力给予表扬，多给予他们在班级里表现的机会。在平时的工作中，教师一般都需要一些学生来帮助自己完成教学工作。有些学生对一些艺术类的学科感兴趣，在进行学校演出、版画制作等的教师可以向这些学生请教，征求他们的意见和看法。课后，教师可以组织一对一帮扶活动，让学习好的学生帮助学习差的学生，不仅可以提升学习差的学生的成绩，还能够巩固学习好的学生的知识，让他们逐渐成为学生追赶的目标。

从心理学上来讲，在同龄人中，更容易形成榜样关系，同龄人的表现力和号召力远远高于教师与家长的表现力和号召力。所以，教师要做的就是发挥学生中榜样的力量，引导这些学习优异的学生向同龄人传播积极的思想。通过长时间潜移默化的影响，学生的学习状态就会像一颗雪球，越滚越大。这些被带起来的学生又会带着下一批学生共同进步，不断地循环下去。语文是一个庞大的概念，教师应集中利用一切可以利用的资源，帮助学生发散思维，解放天性，让学生在快乐中汲取知识。

第二节 小学语文课程资源的特色

一、对课程资源的认识

（一）教材不是唯一的课程资源

教材是教师在教学过程中、学生在学习过程中不可或缺的教学资源，但不代表它是唯一的教学资源，不应太过于"神化"教材，教师的作用不是"教教材"而是"用教材教"。通过教材了解知识体系，借用现在发达的科学技术对教材进行拓展，摆脱教材刻板的事实体系，教师在教学时要构建出一种多元化的、适应当代社会发展的教学形式。

（二）课程资源的建设必须纳入课程改革计划

改革是一项系统工程，推进新一轮国家课程改革的顺利进行需要大量资源的支持，如果没有充足的资源作为保障，教师、学生得不到满足，就很容易产生懈怠情绪，身为改革主力军的师生都没了信心，那么这场改革就注定会失败。所以，如何将资源有效地投入教育改革中，这是改革领导者必须重视的和考虑的，也是参与课程改革的教材编写者必须予以统筹考虑的。任何课程资源的短缺，都将在不同程度上影响课程改革的推行。

二、新版小学语文配套课程资源建设的特点

正是基于以上对课程资源理解和认识的自觉，新版小学语文编写组开发和建设了支持教师教学与支持学生学习的两大系列教材配套课程资源。既为教师教学提供周到的支持，又为学生的语文学习提供丰富资源；既保证学生基本知识、基本技能的巩固，又引导学生学习方式的变革，用丰富多彩的活动把学生的语文学习引向课外生活，将课内与课外有机地联系在一起。

（一）支持教师教学的辅助材料

随着课程资源概念的确立和课程资源意识的加强，教科书"圣旨"般的地位发生了变化，配套的教师用书的地位和作用也将发生重大变化。从编写者角度来讲，教师用书不再是教师的"圣旨"，不再设标准答案，不再有唯一解释，不再有统一标准；更多的是提供资料、建议、提示、分析……为教师在课程环境下创造新形式、新内容留出空间。只要教师心里始终有课程的意识，就能在具体的教学过程中发挥自己的创造性，根据教学对象、教学内容极大地发挥自己的教学水平。

为此，新版小学语文编写组本着有用、必需、经济、开放的原则，有计划地开发了支持教师教学的辅助材料。教师用书与学生用书的区别在于，教师用书除了知识点外，还有一些拓展的知识，如知识结构、知识难点和教学建议等。这可以节省教师课外查询资料的时间。但是，这些外延资料不宜占用太大篇幅，以免影响教师的判断力和创新能力，为合理地改变教师教材、把握课程内容留下更大的空间，提供了更宽广的平台。

教师用书在设计和编排上也为教师留有足够的开放空间。限于版面空间，教科书在编写时为让学生学会某一内容而设计、编写的语文活动只能选择部分内容，只能选择其一、其二而不能穷尽适合所有实验区教学条件、教学资源的语文实践活动，另外，还考虑到人文的、工具的各个方面，那么最终呈现在教科书上的就可能只能是一个范例、一个启发，甚至一个表现编写理念的东西、一个信号。明白了这一点，教师应该据此举一反三，以此作为启发创造性的基础，点燃创造性的火花。因此，好的教师用书应当只将教科书编写者设计的某项语文活动的意图解释出来，并告诉教师：只要能够达到目的，完全可以放开手脚，充分利用教科书和教师用书所具有的开放性来发挥自己的创造性。为此，教师教科书的改革，给教师提供了更多的教学思路，但不应该影响教师的判断，而仅仅是参考、建议，因此其中部分题目提供的参考答案应更名为答案参考，从而为教师创造性地使用教材留下更大的空间。这种编排与课程改革所提倡的教师不仅是课程的实现者、执行者，同时更是课程的参与者、研究者的精神是一致的。

语文多媒体课件在全方位提供与教学过程同步的、丰富多彩的多媒体课件的同时，还提供了能有效管理和使用这些资源的平台。这个平台具有检索、浏览、资源重组、存储等功能，并支持各种文件的导入与导出，操作简便快捷，可辅助教师利用资源备课及根据各自教学实际，创造性地设计与开发教学课件，支持教师应用资源进行新型课堂教学模式的探索。这一小小的尝试，使得它在开放性方面具有非常大的意义。

《实践与探索》是汇集了使用北师大版小学语文教材的教师、教研工作者科研成果和教学设计的文集与刊物，对小学语文教学有重要的理论指导和应用价值，也是独具特色的课程资源。

（二）支持学生学习的辅助材料

小学语文编写组在开发支持学生学习的辅助材料的实践过程中，站在语文课程资源建设的高度，竭力做到有助于促进学生学习方式和评价功能转变。具体有以下特点。

1. 趣味性

配套课程资源建设完全是从学生自主学习的需要来开发的，内容的编排设计丰富多彩，又非常有趣，让学生非常喜欢，充满兴趣地完成各项活动。事实证明，"当学生有兴趣时，他们学得最好"。课程资源本身所具有的趣味性将有利于吸引学生完成这些学习内容。

2. 开放性

新版小学语文主题单元的编排方式赋予了教师在教学每一个主题单元时广阔的自主空间，可以根据资源实际、学生实际、季节实际来安排和调整教学顺序，安排一些内容的取舍、增删和活动开展的规模大小。已经进入实验的广大教师相信已经非常熟悉。

第三节　开发与利用小学语文课程资源的意义

一、继承传统语文教学有效经验的需要

传统语文教学强调必要的语文知识的积累。语文知识的积累包含着各种各样的积累形式，其中最重要的是语言的积累。语言是多种多样的、变化无穷的，对于语言的积累应主要包含以下几个方面：首先，是语言材料的积累，包括文字、标点、词组、短句等。要想快速发展语言，不断地积累语言材料是极其重要的。只有掌握了丰富的语言材料，才有可能真正学好语文这门学科。而一般情况下，语言材料都不会是孤立存在的，而是以一定的文本为载体的。古人云"读书破万卷，下笔如有神"，说的就是这个道理。其次，是对优秀文章的积累。中华文明源远流长，博大精深。从《诗经》到唐诗宋词再到散文和小说，各类优秀的文章语句层出不穷，我们应该在学习中对文章中优秀的句子进行背诵、学习、理解，在今后的生活交际和写作中合理应用。多背优秀的文章，对学生的未来发展有着深远的、积极的影响。最后，是对语言规律的积累。每一篇优秀的文章都有自己紧凑的结构，每个人写作文章的结构并不是从小就有的，而是在后天学习中逐渐形成的。小学对语文的学习是从模仿开始的，学生通过长期对文章进行仿写，逐渐形成一套属于自己的写作结构，并在不断模仿中接触更多的美文诗篇，在形成自己的文章结构后，应用到自己的文章中。这需要初学者阅读很多的文章，有深厚的积累功底，从而实现质的飞跃。从大多数人的经历来看，不断阅读积累是学好语文的最有效的、最可行的手段。

二、语文学科特性的需要

（一）要使学生学会理解和自我表达语言

语言也许是需要天赋的，但最重要的还是环境的渲染。一个人从出生到有说话能力，家长都在对孩子进行语言教学。即使有些话还说不出口，但他们早已理解了一些话的含义；到上小学开始识字、读书，学习情感的表达方式，练习书面用语，开始用日记或作文的形式来抒发自己的情感，即使文字还很稚嫩，但也是一个人在人生路上跨出的一大步。

（二）学会用语言进行交流

当今社会的交流方式一般分为语言交流和书面交流两种形式，语言交流有各种各样的技巧，书面交流一般都比较正式。这两种交流形式是当下每个人都要学会的。学习语文就是为了今后，无论是在语言交流中还是在书面交流中，都可以占据主导地位。

（三）学会积累语言

人们对语言的学习不仅仅是在校园中，或者说仅仅有一小部分有在校园中进行的，人们大部分的语言都是在日常沟通交流中不断提升的。语言是有记忆性的，不断与别人交流的过程也是不断积累学习的过程。对语言不断积累和学习的过程也是文化逐渐传递的过程。古时候没有书籍，一些优秀文化就是通过一代人又一代人口耳相传才能得以保存。语文是感性的学科，我们可以通过它的工具性与他人交流，也可以通过它的人文性同他人相处。人文性与工具性的统一是语言的性质。在语文的教学中，语言作为教学的载体是不可或缺的，合理地使用语言可以写出更优美的文学作品。文章是真实社会在字面上的情景再现，所以语言包含了"情语"和"景语"两种。在这两种语言中，显而易见，"情语"是一篇文章的灵魂，是最主要的。可见，不管是工具性还是人文性，都决定了语文学科教学的一个大背景就是要在社会交流的环境下进行，这就需要有大量的资源来进行补充，从而完成语文学科的任务。

三、思维发展的需要

我国心理学家朱智贤指出："小学生思维基本特点是从以具体形象思维为主要形式逐步过渡到以抽象逻辑思维为主要形式。"但是小学生思维单纯，对于抽象逻辑思维，很少能够以理性的眼光去看待它，所以一般来讲，小学生的抽象思维逻辑都是感性因素占大部分。小学生对事物认知主要是通过简单具体的事务入手，思想的单纯性让小学生不会考虑太多的影响因素，而是喜欢直接参与事务，在参与中获得经验进步。即使这种进步是微小的、粗糙的，但也是小学生必须要经历的。所以学校需要经常开设社会实践活动。但从理性角度分析，经常开设这类活动必然要占用大部分资源，收到的效果却微乎其微，具体值不值得还是仁者见仁，智者见智。

四、新课改目标落实的需要

小学语文的教育是以人为本的教育。要学生学必须学的语文，人人学有价值的语文，不同的人在语文上得到不同的发展。多维的目标、生活化的教学，使得小学语文教学要走出课堂，走向生活。以课堂为桥梁，淡化教材，以生活为基点，重视应用，发展小学生的语文能力。具体地说，就是将语文知识与现实生活结合起来，让学生通过课堂从生活走向语文，然后从课堂走出去，把语文知识应用到生活中去解决实际问题。

第四节　如何有效开发和使用语文课程资源

一、课本资源的开发和拓展

课本是教学过程中不可或缺的一环，但是传统的教材已经不再能够满足新时代发展的要求，这就需要我们对课本不断地进行更新。每一本教材的内容都是教育工作者从千千万万篇文章中挑选出来的典型材料，其本身具有典型性，是语文学科知识极好的载体，属于经典的材料，是有价值的。但我们也应该看到，这些文本材料大多缺乏个性，更缺乏广泛性，有的材料仅仅是个例子而已，更有许多材料跟现实生活的距离非常遥远，学生理解起来费力、生涩。这就需要我们对这些文本材料做一些处理，以便达到有效利用的目的。教材的处理并不是教材内容的移植和照搬，而是要根据文本的不同特点，利用各种办法来达到让学生举一反三的目的。

（一）"增"

增即是在原有文本提供的篇章的基础上根据学生的不同特点适当增加一些篇目，以达到巩固和补充语文知识与能力的目的。

（二）"扩"

扩主要是扩展的意思，为了保证教材的简洁性，选取的文章必然是简洁干练的，教师需要引导学生对这些文章进行思想上的延伸。

（三）"替"

随着社会的高速发展，很多旧的文章已经逐渐被淘汰，这就需要教育人员及时将落后的文章和思想删除，找到有新思想的文章代替。如若在秋天时学到描写春天美景的文章，不妨替换成描写秋天欣欣向荣的景象的作品，通过阅读教学，同样也能让学生体会到四季之美，产生对祖国大好河山的赞美之情。

（四）"并"

由于过去没有太多编写教材的经验，导致教材有很多知识点重复和无法衔接，这就需要现行的教育工作者重新进行整合、合并，知识结构的紧凑可以让学生的学习变得更加轻松，能够把省下来的时间应用到课外知识的探索中去。

（五）"链"

一些文章和词汇在教材中不能花费大篇幅去解释，这就需要将一些资料的出处标记在文章之后，让积极探索的学生能够找到文章出处，更好地理解文章的中心思想。

以上几种方法的根本目的在于提升学生的自主学习能力和想象力，使用这几种方法，学生一定会有极大的进步。

二、网络资源的引入和利用

在科技高速发展的21世纪，经济全球化、信息全球化已经全面实现，不进步就会落后，落后就要挨打，语文教学要把握住时代的洪流，借着信息网络这条船乘风破浪。网络教学进入课堂已不再是空谈，我们有必要让网络技术与课堂语文教学融合，弥补以前的不足。在遵循"引入的时机、内容要恰到好处"这样一个原则的基础上，网络资源的引入和利用方法是多种多样的。

（一）网络资源的引入

在平时的教学中，对于一些时代的伟人，教师都会花大量的时间去向学生讲述，他们是时代的英雄，这是对青少年进行文化传承的一部分。现在网络的引入使枯燥的自传教学内容可以以图片和影视资料的形式向学生展示，这样更直观，更能引起学生的兴趣。

（二）网络资源的链接

课堂的时间总是短暂的，教师不可能把所有的时间都放在影视资料和图片的播放上，为了解决这个难题，可以通过给出网络链接，让学生在家观看的方式，既节省了课堂的时间，还可以使学生养成课后学习的好习惯。

（三）网络对话

由于网络的高速发展，人与人之间的对话不再拘泥于面对面形式的交流，各类交流软件的出现掀起了网络对话的潮流。人们还可以在网络上视频，抑或在各大论坛中畅所欲言。语文教学的网络对话主要有以下几种形式。

第一，师师之间的对话。具体是教师之间在网络上讨论教学技巧和教学信息：①交流语文教学的活动消息，有利于教师掌握教研的动向，能够快速交流学习。②对教学资料的相互交换和学习。一个人的力量往往是有限的，众多教师在一起交流教学资料，每位教师都可以取长补短，完善自己的教学内容。③交流讨论自己的教学经历和教学经验，年轻教师吸取教训少走弯路，老年教师汲取新的教学理念丰富自身。④在教育学论坛上各抒己见，论坛上有专业人士和非专业人士的建议与思想，即使在这些论坛上有很多不相关的话，但还有些观点是值得思考的，取其精华，去其糟粕，教师在论坛中同样也可以收获很多。

第二，师生之间的对话。这表现为学生可以通过网络实现与教师的交流，从而帮助自己解决问题：①师生之间可以通过网上聊天的方式来交谈，以解决学习上遇到的一些即时问题。学生可以通过QQ、微信等向老师发送即时消息，及时得到必要的帮助。特别是有些学生性格比较内向，面对老师会有紧张感，通过网络可以舒缓这种压力，解决困难。②通过发送电子邮件的方式进行网上的学习辅导，如修改作文、批阅考卷等。这种方式在一些特殊的时期发挥出了特别大的作用，如2020年的新冠疫情，师生被隔离了，老师就是通过网上布置作业、网上批改等方式来进行教学工作，收到了很好的效果。③互相传送资料，为课堂教学内容做准备或做补充。网上资料相当丰富，有时候采用不同的路径会查到不同的资料，师生在网上互通有无，对教学资源的生成有很大的帮助。

（四）网络资源的处理和编辑

教师在网络上下载的教学资源并不能直接应用于教学中，首先，由于网络的自由性，很多理念和思想并不利于当下学生的思想健康；其次，这些教学资源很少能完美契合教师的教学方式。所以，当一份教学资源拿到手里后，教师需要重新进行整合、修改、编辑。网络教学资源对于纸质版的教学资源的优势在于其不仅能长久保存，还能快速查询，既节省了空间资源，又节省了时间资源。网络资源的保存方式有很多，可以建立文件夹，也可以建立数据库，这两种方式都可以方便查询。当然，纸质版的教学资源还是有保存的必要的，人类生活、学习即使正向电子化迈进，但纸质书籍阅读起来的感觉，是电子书籍无法比拟的。

三、生成资源的发现和捕捉

这里所指的生成资源主要是针对课堂而言的。教师在进入课堂之前，事先一定是备了课、做了充分准备的，这种准备通常包括设定好教学内容、教学目标、教学思路以及准备好在教学中所需用到的一系列资源，如课件、教具、书面的练习等。这些都是教师预先设定好的，我们可以把这种行为称作资源的预设。但是，一个完整的课堂从开始到结束并不一定是一帆风顺的，它有着时间因素、空间因素、人文因素的相互影响。因此，在教学过程中会出现很多种可能，教师的教学过程也是选择各种因素发展的过程。教育也是如此，就是在各个不确定中不断选择、向前发展的过程。这就是课堂资源的生成。这种资源生成可以有多种方式，在此简单介绍几种。

（一）有意生成

教师可以故意安排一些出人意料的场面，让学生去思考、去讨论、去发现。如一天的语文课，上课铃声已经响过了，同学们静静地坐在那儿等待着教师来上课。奇怪，一贯准时的老师怎么到现在还不见人影？一分钟过去了，教室里还是静静的；三分钟过去了，教室里开始有了窃窃私语的声音；五分钟过去了，班长站了起来，他正要出去询问。门却在此时被轻轻推开了，老师来了，同学们望着他，又安静了。老师说："我迟到了，向你们道歉！"说完抬起手腕看看手表，"我迟到了整整五分钟。"同学们齐声说："是的。""那在过去的五分钟里，你们都在干些什么，想些什么？"同学们开始发言，"我想，老师从来不迟到，今天一定是临时有什么急事把您缠住了，脱不开身。""我还以为老师病了。""我想大概你去参加教研活动了，代课的老师又忘了。""我想老师可能在路上遇到了什么不寻常的事，说不定是做了一件见义勇为的好事呢！"……学生们思维相当活跃，"老师迟到"这个话题激起了他们极大的兴趣，原来这短短的五分钟里，同学们有了许多猜测。老师微笑着说："同学们都把你们的老师看得太理想化了，其实老师今天迟到的原因很简单，就跟很多迟到的同学一样，那就是我的闹钟没响，睡过头了。"同学们一片哗然，继而发出了一阵笑声，是啊，老师也跟我们一样，是一个普通人，也会出些状况的呀！老师说："那么你愿不愿意把刚才关于老师迟到这件事写成一个片段呢？""愿意！"同学们异口同声地说，这件事早就激起了他们的兴趣，更何况答案这么有趣呢，他们当然愿意写一写。其实，老师哪里是睡过头了，他是有意安排了自己的这一场"迟到"，给学生进行材料作文训练呢！

（二）突发生成

教师在教学过程中很难一帆风顺地从上课到下课完成教学，课堂上经常会有一些突发的事情发生。例如，在上课时忽然有一只漂亮的蝴蝶飞进了教室，学生由于好奇心很容易就会把注意力转移到蝴蝶身上去，这时教师再想继续课堂教学已经不现实了，这就极大地考验了教师的临场反应能力：物理教师可以就蝴蝶谈到"蝴蝶效应"，生物教师可以谈论蝴蝶的分类，语文教师可以提问关于蝴蝶的诗句等，这样，学生就会针对蝴蝶这一偶然出现的对象谈论自己的看法，即使当前的知识点教学计划被打乱了，但通过教师的临时补救，还是可以完成一堂优秀的课。这就需要教师合理利用偶然发生的资源对学生进行教学，不仅引起了学生的兴趣，还拓宽了学生的思路。这堂课就是成功的。

（三）互动生成

当下的课堂已经不再是传统教学一人一尺一讲台的教学模式，教学也不再是单调地将知识点传授给学生。当前教师要作为引导者，引导学生主动思考，大胆提问，利用学生与教师在课堂上互动的不确定教学资源进行教学。这样的教学方式会引起教师与学生之间的共鸣，具有深刻的运用价值。

四、有效资源的判断原则和处理方法

当下的教学资源有很多形式，教师获取资源的途径也不尽相同，不论是传统的书本教材，还是新型的网络资源，或是人际交往产生的社会资源，都是语文教学不可或缺的一部分，但教师如何使用这些资源才是关键所在。另外要提及的是，在对课程资源的开发和利用过程中，我们还需要掌握一定的原则和方法，比如，如何来确定所找到的资源是有效的呢？我们认为对于有效资源的判断，不妨参照下面这些原则：①确定性。资源是否有效，首先要看内容是否符合需要，如符合，则确定为有效。②趣味性。有关的资源很多，有趣味性的会更大程度地激发学生的学习热情，达到事半功倍的效果。③同一目的性。所选用的资源指向要非常明确，与所要达到的目标高度一致。④密切相关性。同一个知识点可能会有很多教学资料，选择与目标密切相关的教学资料会使教学更高效。对于资源的处理方法也是多种多样的，如可以取其一点，切其一篇，把多种资源组合在一起或是采用放射式的链接等。另外，还可以采取一些方法来进行资源的积累：①文本积累。直接把有效资源用文本的形式保存下来，采用这种方法较容易保存，不易遗失。②网络积累。采用文件夹的形式把可用资源保存在同一个文件夹里，用时只需在这个文件夹中寻找即可。③目录式积累。这种方式对于资源的分类保存提出了要求，用起来非常的方便，有点类似于图书馆的查找系统，这种方法适合保存内容多、容量大的资源。④小手袋式积累。这是一种非常便捷的方式，用小手袋的形式来保存资源，如单词库、句式库等，这种方式适合于形式单一、容量较小的资源，便于使用者随时取用。

第四章

小学语文课堂的授课与组织调控

第一节　小学语文课堂授课

一、课堂开讲与结讲

（一）课堂开讲

教学开始的引导，足以影响整节课堂。

1. 导入的方法

教学对象不同、教学内容不一，再加上教师的个人素质有别，就决定了开讲内容的千姿百态，开讲方式的灵活多样。主要有以下几种开讲方式。

（1）开门见山，解析课题

题目是一篇文章最精确的总结，是极其重要的部分，从题目入手，我们可以准确地把握作者的意图，也可以让学生学会如何总结文章题目，对其日后文章书写有着极为重要的影响。如李白的《黄鹤楼送孟浩然之广陵》的题目就揭示了文章的内容，就可以直接"解题"让学生明确诗歌内容。一个与众不同、别致出彩的题目能够在短时间内引起学生的注意。教师如果能抓住学生的兴趣点，积极引导，便可有事半功倍之效。"解题眼"就是解释题目中关键性的字词并由此而推演、生发，引导学生学习课文。

（2）变换刺激，引发兴趣

要想学好一门课，最重要的是要对这门课产生浓厚的兴趣，只有充满了兴趣，学生才会有激情、有动力去学习和探索未知领域，这种形式不但在语文学科中普遍使用，还可以使用在物理、化学、数学、生物等其他学科中。如教学《让我们荡起双桨》时，课前播放《让我们荡起双桨》这首歌曲，让学生欣赏，然后提出问题：你们喜欢这首曲子吗？作曲家为什么要写这首动听的曲子呢？这就是我们这节课学习的内容。这样利用音乐变换刺激，调动学生情绪，活跃课堂气氛，学生便自然又轻松愉快地进入了学习新课的角色。

（3）情感熏陶，创造佳境

古人云："感人心者，莫先乎情。"正确引导学生，将学生带入教学情境中，引起学生的共鸣，在教学时要有激情，不断将学生带入自己的情感中，就能使教学变得事半功倍。如《桂林山水》可这样导入：同学们，我们伟大的祖国是一个美丽的大花园，而桂林则是这个大花园中一颗璀璨的明珠。那里的山是那么奇，那么险，那么秀；那里的水是那么清，那么绿，那么静。谁到了那儿，都会被那奇特的景色所感染。今天老师就带大家去走一走，看一看。这样导入，学生就会被桂林山水的美妙所吸引，同时也对桂林山水的主要特点有了初步了解，他们就会全身心进入课文描述的境界中去，投入课文的阅读和景色的欣赏中去。

（4）投石激浪，巧设悬念

这是大多数教师喜欢用的一种开讲方式，即在进行知识点讲解时先提出一些疑问让学生去思考，可以讲述一些故事，做一些试验，提出一些有辩论意义的话题，等等。激发学生的好奇心，有助于提升学生的注意力。

2. 导入需要注重的几点要求

（1）切题要结合实际

教师需要在讲课前清楚地了解自己讲课的内容，不要对课程懵懵懂懂就开始教学，这样一旦遇到特殊情况，课程就无法进行下去。在对内容完全了解透彻之后，教师可以结合实际情况，对学生进行知识传授。结合实际可以使学生更容易地接受知识，更喜欢学习下去。同时也可以使师生节奏同步，调动学生的积极性，使课堂变得更加轻松。

（2）导入有针对性

开讲的导入并不是绝对的，它需要根据不同的教学内容、不同的师生、不同的教学环境和教学目的进行特殊的导入。只有深思熟虑，各方面照应，才能有的放矢，富有成效，真正做到"新""活"而且"实"。

（3）语言必须精练

在开讲时不要有冗长的开篇，这样会使学生对学习的内容不明确。言辞精练，一针见血，让学生很快了解到这一堂课的主要学习内容，这样就是成功的开讲形式。如果开讲时语言模糊不清，篇幅冗长，就会分散学生的注意力，让学生一开始就对课程产生疑问和厌烦的情绪，这是教学的大忌。语言不必多华丽，让学生听懂并引起学生的好奇心就足够了。

（4）学生思维要得到启发

在开讲时能不能激起学生的兴趣，引起学生的探索精神、求知欲，是开讲能否成功的关键。只有富有启发性，才能引起学生的想象、联想，迅速开启学生的思维。

（5）呈现形式需形象多样

单纯的教学模式思想的灌输已经不适合当下年轻人的学习习惯，教师应该善于利用身边的各种因素和外界环境来引入知识。如雨水、阳光、声音等看得见，听得着，感受得到的事物，以这些作为切入点，将抽象的、模糊的概念引入环境中去，让学生更加方便地、直观地理解，勾起学生探索的欲望，同时，教师准确、生动、富有感染力的语言表达亦会使学生进入学习的佳境。

（6）立意应讲求新颖

如果仅仅将摘抄教材的内容作为导入点，基本上就是失败的。教材的内容极其简洁，很难激起学生的求知欲，所以这就需要教师在设计切入点时力求新颖，不能所有的切入点都千篇一律，这会使学生产生视觉、听觉疲劳。引导学生的点要灵活多变，让学生觉得每一堂课都有新鲜感，培养他们自主创新的能力和学习的兴趣。

（二）课堂结讲

课堂结讲是每堂课的重要环节。如果把一堂课比作一场戏，"开场戏"固然有抓住观众的作用，而"收场戏"更有独特的功效。优秀的语文教师都十分重视课程的结尾，认为一堂课应是"凤头、猪肚、豹尾"。所以，语文教学的艺术不仅要求导入引人入胜，中间高潮迭起，而且要求结讲更加精彩，画龙点睛，余味无穷。

1. 结讲的几种方法

常见的结讲方式有以下几种。

（1）总结法

在结讲阶段，教师用准确精练的语言，对教学内容的重点、难点提纲挈领地归纳总结，以使学生明白知识线索，巩固知识内容，加深理解，强化记忆，并上升到新的认识。

（2）悬念法

在即将下课的时候结尾总结是有必要的，总结既是对本节课的梳理，也是对下一节课的引出。所以，教师在结尾时应该提出一些可以引导学生思考的问题来提升学生的兴趣，现在的学生最喜欢的就是对未知事物的探索。

（3）对比法

教材中的每一篇文章都不是独立的，也许在同一学期没有与之相匹配的文章，但是在以往的学习中大多会有与之相似的文章。在教学结束后，教师可以把几篇文章拿出来相互比较，从几篇文章的写作时间、写作情感、结构顺序和修辞手法等方面相互对比，这样既复习了从前的文章的知识，又加深了对目前的文章的印象，一举多得。通过比较，学生加深了对课文的理解，更清楚地掌握了文章的特点。如教学《恐龙》一课时，教师是这样结尾的："我们已经知道了恐龙怎样繁殖后代，吃哪些食物，你还想了解什么问题？"学生争着回答。教师趁学生兴趣正浓，又建议学生可组成小组共同探讨研究种子发芽、母鸡生蛋等感兴趣的问题。这样通过对比法，很自然地沟通了学生课内外的学习活动，使学生的语文学习活动从课内向课外延伸，从而扩大了学生的视野，提高了他们的语文能力。

（4）评论法

结尾时，在对课文主旨进行概括、提炼的基础上，再对课文的内容或写法的某一方面进行评论。采用评论法结尾，要注意评论恰到好处，实事求是，以下两种类型的课文可考虑用此法。一是课文内容具有较强的历史意义或现实意义，或者写作方法具有突出的代表性或特殊意义。如范仲淹的《岳阳楼记》一文，不仅所绘之景令人心旷神怡，而且闪烁其间的"先天下之忧而忧，后天下之乐而乐"的伟大思想光照后人。结讲时可引导学生进行评论，以增强学生的使命感、责任感和民族自尊心，使学生树立振兴中华民族的理想和抱负。由于课文内容积极意义和消极意义并存，教师在教学过程中要联系作者的写作背景和写作思维模式，采用客观的方式对文章进行评论，以去伪存真，去粗取精，提高学生的识别鉴赏能力。

（5）延伸法

在课程结束之后，教师的任务却没有结束。一篇文章的代表性不强，想要拓展学生的课外知识，就需要在课堂结束后对学生的学习内容进行延伸。

（6）练习法

课后练习当属最远古的方法，经久不衰的方法必有它独到的地方。课后练习不仅能够检测出学生的课堂听讲情况，还能进行文章的复习，加强记忆，巩固知识点，一举两得，并做到举一反三，触类旁通。

2. 结讲遵循的原则

要想在结讲时既能使学生得到愉悦无比的美感享受，又能使他们产生更为强烈的求知欲望，必须遵循以下三个原则。

（1）完整性

要对整堂课的内容做简要的归纳，勾画出一个大致的轮廓（有时可结合板书进行）。这样收尾有利于学生对本堂课基本内容的理解和记忆。收尾切忌丢三落四、残缺不全，以至于学生下课时稀里糊涂，不知道本堂课哪些内容是必须要深刻理解和牢固掌握的。

（2）针对性

收尾当然要注意"完整"，要回顾这堂课的整个教学进程，但并不是说不分轻重主次地把整个过程平铺直叙地复述一遍。收尾要针对学生听课的实际情况，要突出重点。这里所说的"突出重点"包含两个方面的含义：一是要突出要求学生本堂课必须掌握的那些最基本的教学内容（要求他们一般了解的内容，可以"一句带过"）；二是要突出那些在教学进程中大部分学生理解较为困难的地方，这样收尾能加深他们对重点和难点内容的理解。

（3）启发性

收尾时，教师用概括的语句把本堂课学习的主要内容加以归纳整理，以帮助学生更好地理解和掌握这些教学内容是很有必要的，然而仅仅做到这一点还是很不够的。好的收尾应该是富有启发性的：教师不但把结论告诉学生，更要让学生了解和掌握得到结论的途径与方法，以便他们今后在学习类似的知识时能灵活加以运用。

3. 几种应避免的收尾方式

要使课堂教学的收尾取得较好的效果，除了要知道"应该怎样做"之外，还应当知道"不该怎样做"，也就是说，"什么样的收尾应加以避免"，这样便可以从正、反两个方面确保一堂课有一个高质量的收尾。具体地说，以下四种收尾方式是应尽量避免的。

（1）不应"虎头蛇尾"

有些教师比较重视开端，但到结束时往往显得仓促，看看时间不多了，便连一些应该做的梳理和小结也不做了，使整个课堂教学过程有点"虎头蛇尾"，不能善始善终，致使不少学生在下课时对这堂课应该掌握的教学内容"胸中无数"。

（2）不要"画蛇添足"

与"虎头蛇尾"式结尾不同的是，有些教师在结尾时本来可以顺利结束课程，硬是说了一大堆无关紧要的话，其本意是想让学生对本堂课讲的内容毫无遗漏地加以掌握，但实际却适得其反，很容易使学生产生厌烦情绪。

（3）不可平淡无奇

有些教师备课时对"如何收尾"未加以精心思考，未做精心安排，因而收尾时显得平淡无奇，重点内容未能鲜明地凸显出来，很有点"走过场"的味道（其实，戏剧中的"走过场"就其本意而言，也是相当认真的），这样的收尾是不能使学生对教学内容产生兴趣的，更不要说有启发学生课后进行认真思考的作用了。

（4）不能前后矛盾

由于考虑不周（或备课时马马虎虎），有些教师收尾时做的小结与前面的讲课内容不一致，所表达的观点也与教材中的观点不一致，以致影响了学生对教材内容的正确理解。

二、课堂教学中的节奏

我国古人曾精辟地指出："文武之道，一张一弛。"这在一定程度上揭示了事物有节奏发展的普遍规律，所谓抑扬顿挫、轻慢徐疾、阳刚阴柔、参差错落等这些辞藻，不仅具有一般的美学含义，表现了一般的美学法则，也包括事物发展的一些固有属性。万事须有节奏，这是亘古的真谛。课堂教学自然也必须遵循节奏规律，塑造节奏美感，以提高教学质量。

（一）课堂节奏安排需要考虑的几个因素

1. 授课内容因素

上课时，教师不应该一直平淡地讲完这节课，每一节课都是由初始、高潮、结尾组成的，在教学过程中还包含着许多难点和重点，在讲到这些内容的时候，教师要拿出自己的激情，使这堂课的节奏牢牢把握在自己手中。就算有些教师无法准确把握课堂节奏，对于重点、难点，教师还是要重点强调的，做到这些很容易形成课堂的节奏。

2. 教学过程因素

一堂课至少应包括这样三个阶段：导入（讲些"开场白"）、教学目标的完成（这是占时最多、最为重要的阶段）和收尾（做些概括加以小结）。其中在教学目标的完成阶段，根据不同的教学目标和教学内容，又可采用多种教学方法（如教师系统讲述、教师问学生答及先让学生预习或讨论后再讲或者集体探究等）来进行教学活动。

3. 学生心理因素

小学生不可能整堂课自始至终高度紧张地投入高强度的教学活动中，在一堂课中，仅有少部分的学生能够全程认真听讲，大部分人面对长时间的高强度集中都会感到吃力。所以，教师在教学过程中要做到张弛有度，拥有自己的教学结构，让学生可以清楚地了解到哪些是重点、难点，哪些可以一笔带过，这样在一节课结束后，学生不仅不会觉得吃力，还会觉得十分放松，从而喜欢上这门课。教师授课内容需要具有良好的结构，以便让那些课堂上学生学习的内容极其鲜明、深刻地留在他们的脑海里，整个教学过程中紧张与松弛多次交替出现，使学生大脑皮层的"兴奋灶"不断转移和交换，思维态势持续保持最佳状态，从而能轻松、愉快地理解和掌握教学内容。

（二）把握几个方面的课堂节奏

1. 要注重把握整节课的课堂节奏

这里我们谈到的节奏不是音乐上的节奏，但与音乐上的节奏又有异曲同工之妙，为了照顾班级大部分学生接受知识的能力，做到疏密有度，让学生紧张和舒缓的情绪交替出现，即使在课堂上高度集中，在学习过程中也不会过度疲劳，以免学生对学习产生厌倦的心理。教师在授课刚开始时定好"基调"（视本堂课的教学难度而定，内容简单可紧凑些，内容复杂可舒缓些）很重要，但同时也应该注意随着教学活动的进行，根据变化着的具体情况随时加以调节（如有些内容虽较复杂，但由于教师准备充分、学生全神贯注而进行得比较顺利，则节奏可紧凑些）。

2. 要注重把握授课内容的节奏

授课内容的书奏包括教学内容的详略、多寡、取舍、分布等，即语义信息的含量和流速。随着年龄的增长，学生的注意力集中的时间是有限的，一段时间内对知识的吸收也是有限的。这就要求教师在教学过程中不要一直以恒定的语速和语调教学，应在难点上着重强调，在要求低的知识点上略微放松，使教学内容的语义信息流动节奏与课堂教学的外部形式口语、书面语等的节奏完美结合，以符合学生的兴奋中心运动规律。有经验的教师总是会根据学生的实际情况，对教学内容进行剪裁与安排，调整顺序，做到由浅入深，在认知需要上合乎学生的思维规律；由易到难，在心理上也合乎学生的接受习惯；由快到慢，在节奏上又合乎学生的审美体验。通过这种方式的教学，能使学生快速理解知识点，逐渐提升学习的兴趣。

3. 要注意把握授课速度节奏

授课速度的快与慢，也对节奏的形成有着较为重要的影响。教师的授课速度通常有两种不良倾向：一种是进程太快，不考虑学生学习时注意力集中的实际情况和可接受程度，自顾自地把准备好的内容"连珠炮"般地发出来，弄得学生晕头转向，不能很好地理解和掌握教学内容；另一种是进程太慢，对大部分学生很容易理解的内容不停地重复（烦琐地说明、重复地讲解），弄得学生心烦意乱，感到"味同嚼蜡"，毫无兴趣可言。好的授课节奏应该是快慢交替、富有动态变化的。一般来说，授课速度快与慢要根据学生注意力集中情况而定：学生的注意力较为集中（对教学内容比较感兴趣）时，可适当放慢速度，对教学内容做较为深入的探讨；而在学生的注意力较为分散（或将要分散）时，则应适当加快速度，以吸引他们对教学内容的注意。学生在学习活动中思维的"张"与"弛"，也对节奏的形成有着相当重要的作用。所谓"张"，即紧张，指教学过程到了高潮阶段时，学生的思维状态处于最紧张、最兴奋的状态。在紧张的状态下，学生的理解能力极强，可以快速吸收教师教的知识。所谓"弛"，顾名思义就是松弛的意思，在紧张的教学过程中，穿插着松弛的过程，让学生的精神不至于一直紧绷，学生的思维处于不那么兴奋的状态。在这种状态下，他们会有时间对教学内容进行思考和回味，这对更深刻地理解教学内容是很有好处的。

4. 要注重把握授课语言节奏

语速、语感、语言本身都是语言节奏的要素。抑扬顿挫，激情洋溢，平铺直叙，言简意赅都可运用到语言节奏的调控上。教师可以根据教学内容，课堂结构的具体需要来加以确定。教师在教学过程中语调的不断变化可以放松学生的身心。教师应该保持温柔的状态。在教学过程中语调也不应该过于平淡，应该多一些抑扬顿挫。教学语言应该精练，不应该过于冗长。多一些耐心，少一些烦躁。多与学生交流，减少教师与学生之间的隔阂，这样更能促进教学的顺利进行。

5. 要注意把握书面语言（板书、板画等）节奏

讲述是教师用字音说话，板书、板画、影像则是用字形、图形、影像说话，也都同样存在着节奏的处理问题。板书、板画是一种视觉语言符号，影像是视觉与听觉的结合。它除了要动用人的大脑思维等系统外，还要使用人的其他动觉系统——眼、手、耳等，才能出现语义信息的传送，因此，它传输的速率是比较缓慢的。在课堂中板书的处理是有技巧的，应该是挑选重点去讲解、去记录，要有一个合理的方式。学生最反感的板书就是成片成片地记录，整个课堂上的时间都在记笔记，这会使学生形成视觉疲劳从而导致厌学。一遍又一遍地抄写板书是极其枯燥的，学生在精神上会产生松懈的情绪，很容易在课堂上打瞌睡，遗漏知识点。单纯地记录板书对学生的成绩提升作用并不大，没有重点标注全都胡乱记录一气，在课后复习的时候会花费大量时间在无用的知识点上而不自知，事倍功半。所以教师在写板书的时候，需要标明重点，以结构导图的形式书写，并在书写板书期间进行知识点讲解，做到记录到讲解的往复循环，在学生生理和心理上形成和谐的循环。

总之，课堂教学的节奏美可谓无处不在、无时不有。教学过程由浅及深，循序渐进，教学语言跌宕起伏，书写的板书层次分明，教学的内在科学性与教学外在表达的形式构成的艺术，等等，均是课堂教学节奏美与艺术美的集中体现，是课堂教学生动、高效的"催化剂"。

（三）安排课堂节奏的几点要求

1. 要能明确地体现教学意图

教师要根据这堂课的教学意图来确定节奏——这堂课要确定怎样的教学目标？要解决哪些问题？其中哪些教学目标是着重要达成的？在此基础上决定主

次轻重，这样形成的节奏有利于教学意图的顺利达成。

2. 要能清晰地体现教学思路

这堂课有哪些主要的教学流程？其中居于中心环节的是哪一个环节？前后环节之间的关联性如何？与学生共同达成教学目标的过程中怎样做到"张"与"弛"交替出现？上课时怎样根据教学内容的变化使语调也有高低起伏变化？这些问题都梳理清楚了，整个教学过程的进行便会变得异常清晰且流畅。

3. 要做到教学内容和教学形式相结合

教学内容决定了课堂上教师的教学节奏，教师一定要对其内在的逻辑联系有明晰的了解和深刻的理解；而教学形式（指手段、方式和方法）则是安排课堂教学节奏的外在因素，教师一定要根据不同的教学内容、不同年龄段学生的具体情况精心加以选择，在此基础上达到的结合才是最完美的结合——内在因素与外在因素和谐地融合在一起形成的课堂节奏，对良好的教学效果的获得有着十分重要的意义。

三、课堂教学中的过渡

课堂教学活动进程中的过渡与文章中的过渡同样重要。文章的过渡一般有三种方式：过渡词语、过渡句子和过渡段落。无论是过渡词语、过渡句子还是过渡段落，它们所起的作用是相同的，都是把各个部分的内容连成一篇文章。教师在课堂教学过程中的过渡与文章中的过渡相仿，也要运用过渡语、过渡句子，把一堂课的各个零星碎片连成一个有机整体。在一堂课进行的过程中，通常不会是由教师从头讲到尾，学生应该是课堂学习活动的主体；教师也不会机械地只用一种教学方法，而往往会交替使用多种教学方法；课堂教学内容既有新的，也有以前学过的……总之，一堂课是由许多零星的"碎片"集合而成的，"碎片"之间的过渡是必不可少的。

课堂教学过程中的过渡通常包括两个方面的内容：一是课上讲授的教学内容各个部分之间的过渡，这种过渡起着承上启下的作用，过渡得好，能使教学活动流畅地展开；二是不同教学方法、不同讲课方式之间的过渡（如由教师讲解转到教师问、学生答，或者在复习完旧知识后转到学习新知识），这种过渡能适时地引起学生的注意，使学生能较快地适应教师接下来要采用的教学方法和教学方式。不少教师课堂教学的实践都表明：无论是哪一种过渡方式，对于课堂教学活动顺利进行而言，都是十分必要的。

（一）课堂过渡的几点基本要求

1. 要实现自然过渡

一堂课的教学内容是一个整体，由若干部分组成，教师在教学过程中应在一个部分与另一个部分之间插入适当的话语使之自然地衔接起来；过渡生硬、不自然会影响教学思路的贯通，影响学生对学习内容的接受和理解。要较好地做到"过渡自然"，教师在讲授中必须要注意这样两个方面：一方面要注意把握住部分与部分之间的内在逻辑联系（其中尤其值得关注的是因果联系）；另一方面要注意运用富于变化的语句，或者采用不同的方式方法使各部分内容衔接起来。

2. 要在过渡中引起学生的思考

从教师的教学节奏上分析，过渡时刻往往发生在由紧到疏这一段时间，这段时间教师的教学极为重要，过渡过程的教学语言不能是天马行空的胡言乱语，而是要同时兼顾由紧到疏和由疏到紧之间的联系，让学生在放松的时候能够思考知识点的衔接。

3. 要注重不同过渡方法的运用

过渡方法并不是确定统一的，而是需要具体情况具体分析，面对不同的课堂需要采用不同的过渡方法，如果仅用一种过渡方法去进行所有课堂的过渡，就会显得极为僵硬，无法达到想要的效果。比如，以教师讲授为主的课与讨论为主的课就不大一样。以教师讲授为主的课，过渡时要强调、突出重点内容，以引起学生的重点关注，应用这样一些语句，"上面我们介绍了……下面我们应当着重注意的是……"。

（二）课堂过渡的几种方法

在课堂教学领域中，过渡的方法和形式是多种多样的。这里介绍语文教学中经常使用、能收到较好效果的几种具体的方法和形式。

1. 提问式过渡

教师在备课时，先设计好本堂课进行的几个阶段（从教学内容角度分析，也可称为"几个部分"）。为了使这几个阶段（或"几个部分"）衔接得自然而又颇具启发性，可结合具体的教学内容提出一些问题来。前一个阶段快要结束、后一个阶段快要开始时，教师引导学生把注意力集中到这些问题上，便能较为自然地完成前后两个教学阶段的过渡。

2. 讨论式过渡

教师在讲解一些在学生看来比较抽象的概念（因为与他们的生活实际有一段距离）或比较复杂的内容时，为了使他们对教学内容有比较正确的认识和鲜明深刻的印象，可以提供一些学生感兴趣的、能引起他们争论的材料，组织他们进行辩论。用这种过渡方法，有利于学生学习较为复杂的内容，有利于激发他们探究的欲望。

3. 联系式过渡

如果教师讲授的教学内容与学生的生活经验或以往所学习的知识、文章有某些联系的话，那么在把教学内容做大致介绍后，要求学生联系自己的生活实际，联系学习过的内容来学习教材上的知识。这种过渡方法有利于引发学生的学习兴趣，增强他们的求知欲望，因而很容易收到比较理想的教学效果。如特级教师贺诚在教学《再见了，亲人》一课时，安排了这样一段过渡语："是啊，这是一份份以生命和鲜血为代价的情意。如果你是被大娘从敌机下救出的伤员，如果你是被小金花妈妈用生命换来的老王，如果你是吃过大嫂亲手挖来的野菜的志愿军战士，那么在这离别的时刻，还会怎样对这些朝鲜亲人说？"由此引读课文第4、5节。

（三）巧妙合理运用过渡语

课堂过渡是通过过渡语来实现的，所以我们对过渡语的使用要巧妙、合理，并实现它的价值和功能。

1. 过渡语应体现自然顺畅的上下联系

每一篇文章都会有几个段落或几个小结，教师在教学过程中需要深刻把握这几个段落或小结的特点，穿针引线，将整篇文章无缝衔接起来。

2. 过渡语应巧妙体现评价的价值尺度

通常评价的功能往往是评价语所实现的，但我们也要注意到过渡语也有评价功能。我们要注意过渡语的评价功能，防止因过渡需要而产生评价误差。

3. 过渡语应适度激发学生的学习热情

在过渡语言的运用上不要只考虑衔接得顺畅，还要考虑其语言的激发功能，引人入胜、启迪益智、激发兴趣都是过渡语应该追求的效果。

4. 过渡语应成为学生学习语言的载体

好的过渡语可以使学生长时间记忆，可给人以美感，是学生学习语言的载体和途径。过渡语中包含着大量的语言和美的信息，我们要让学生在过渡语中捕获信息，并转变成自己的语言能力，提升语文能力。

四、课堂教学中的举例

1. 举例的作用

举例在教学过程中有着相当重要的作用。无论是小学课堂教学还是中学课堂教学，教师讲授教学内容时都会（也应该）举些具体的例子，以帮助学生更快、更好地理解、掌握知识。教师在进行教学时，经常会遇到一些拗口的定义，很难让学生了解它的意义，即使教师跟随着课本十分卖力地进行讲解，即使学生都在认真地听讲，对于拗口的定义，学生可以把它背下来却不能直观地理解它的含义。最糟糕的情况可能是，在学生尝试通过背诵的方式去理解定义的时候，理解方向发生了偏移，最后导致学生逐渐对这门课程失去信心和兴趣。所以，教师在面临这种情况时，就不要去纠结定义，而是要举例说明，或通过几个例题去介绍定义，这样，学生会通过例子和习题去自行发掘定义的意义。

2. 举例遵循的要求

（1）举例要实际

在举例子的时候，教师要联系实际，不要列举天马行空的例子，也不要列举太过于深奥的例子，因为学生的基础不同，理解能力和见识也有所不同，所以并不是所有的例子都能被学生理解，这就需要教师去寻找生活中浅显的例子进行列举，争取让所有学生都能接触到新知识。教师在举具体例子来阐明某个概念或某个原理时，要尽可能考虑到不同年龄段学生的不同经历和不同程度的理解水平。

例如，在讲赡老抚幼时，可以讲燕子的故事。小燕子被老燕子养大后，就出去觅食喂老燕子，小燕子通过觅食，既报了恩，又锻炼了自己。所举事例文字艰涩，尽管教师讲得口干舌燥，学生还是不知所云，这既浪费时间，又达不到预期目的，其结果只能是事倍功半。

（2）举例要适当

上面说到，在课堂教学过程中举一些具体形象的例子是必不可少的。讲课不能没有例子，但也不能一下子举好多例子。课堂教学的一个重要目标是学生获得发展，让他们在接受、理解的基础上牢固地掌握知识，而教师在讲授时适当地举一些具体形象的例子仅是一种帮助学生更迅速、更准确地理解和掌握教学内容的手段。例子不一定要举很多，只要所举例子能说明（或阐明）某项教学内容就行了。绝不能"喧宾夺主"，一下子堆砌很多例子，这样下来，学生记得的就是那些例子，而将最主要的教学内容抛之脑后。如有教师在讲"山水田园诗"这一流派时，通过示例王维的《使至塞上》《山居秋暝》和谢灵运的《登池上楼》《岁暮》等作品，学生就能对这一流派诗歌的作品风格有鲜明的感性认识。

（3）举例要适时

何时举例为"适时"？这主要应看以下两点：一是要看有无必要——如果讲授的知识学生理解起来完全不觉得有什么困难，那么就不必举例（此时举例会浪费宝贵的教学时间，有时还会分散学生对教学内容的注意）；反之，学生对教学内容理解起来较为困难，那么就必须要即时地举一些例子。二是要根据学生的不同年龄确定举例时间。有教师在给低年级学生讲对比时，举几篇文学作品中的例子是有必要的，但如果语文教师还要在高年级的讲台上不厌其烦地讲，就没有必要，因为学生已对对比的表现手法接触很多，已能在自己的作品当中熟练运用了，所以，教师的举例就纯粹多余。

（4）举例要贴切

贴切是指措辞要恰当、确切。在课堂教学过程中，不是所有与学生的生活实际有联系的例子都可以用来解释知识点原理，再华丽、生动的例子如果不能解释知识点原理也是无用的，与题目和知识点无关的例子完全没有必要举，即使列举了，到最后也是浪费时间，毫无意义。对于关联不大的例子要点到为止，不要过于深入，以免喧宾夺主。最好的例子就是与知识点密切相关的例子，可以生动形象地表现出该知识点的所有原理，如果教师不举这个例子，学生就很难准确地理解其实质。

（5）举例后要阐述

要把例子和教学内容有机联系起来。因为举例是为了帮助学生更好地理解教学内容，如果教师不揭示原理和例子之间内在的、本质的联系，那么举例只是流于形式，不能真正起作用。有教师在讲诗歌的意象时，只是列举诗歌中的意象是"什么",而没有详细阐述意与象之间是如何巧妙组合的。这样,学生对于"意象"也只是了解到一个笼统的概念和几个说不清、道不明的例子,并没有透彻地掌握好"意象"这一诗歌教学中不能回避的知识点。

五、课堂教学中的提示

(一)提示的作用

1. 提示能为学生的思考指明正确的方向

在学生对知识点和题目有疑问时,最差的做法就是直接告诉学生答案和做法。作为一名合格的教师,面对这种情况需要首先了解学生在哪个知识点出现了问题,再一步步引导学生,给学生指引方向,这样既有利于启发学生的思维和情感,又可以避免学生走弯路,浪费学习时间。

2. 提示能降低学生的思维难度

当教学内容对部分学生而言难以理解时,这些学生会觉得枯燥无味,他们的学习兴趣就会逐渐减弱,甚至完全消失。教师的提示将问题难度降低,让部分学生能较轻松地学到知识,使他们的内心获得较大的满足和产生较强的愉悦感受,因而他们也会对学习活动产生比较浓厚的兴趣。

3. 提示能提高学生的思维质量

有质量的提示能训练学生的思维。如果教师经常在课堂中采用质疑法组织教学,在课堂上学习的学生也会潜移默化地学会这种方法,通过不断训练,学生的思考能力会有极大的提升。

(二)提示应遵循的要求

1. 提示要掌握好最佳时机

教师对学生错误提示的最佳时机就是在学生遇到问题,经过思考还是一筹莫展的时候,因为这时如果教师不提示便会影响他们进一步思考,而一提示便能使他们的思路变得畅通,思维也会变得活跃,更容易获得最佳的思维成果。

那么,何为最佳时机呢?下面做一下具体分析:课堂教学过程中需要学生学习的内容和需要学生思考的问题从难易角度看,可分为极难、难、较难、一般和不难五个等级。其中,首尾两端是不需要教师加以提示的,"极难"的内容和问题必须由教师讲解,"不难"的内容和问题可由学生自己去学习与解决。需要加以提示的只有"难""较难"和"一般"三种情况。对此,教师应分别选择不同的时机进行提示：对"难"这种程度的内容和问题，教师应该在向学生提出要求（要求他们进行思考）时进行提示；对"较难"程度的内容和问题，教师提出问题之后可提出思考的要求，不要立即加以提示，而应在学生思考一段时间后给以适当的提示；而对"一般"程度的内容和问题，教师在刚开始及学生思考的过程中不要提示，而应让他们去钻研和探究（尝试），到思考过程快结束时，才稍做点拨和讲解。

2. 提示要有利于学生的思考

教师在进行提示的时候，一定要先思考自己的提示内容是否合理，是否直接将答案从侧面告诉了学生，还是学生在通过教师的提示之后需要思索才能进行下一步解题。教师提出的思路一定要能够使学生可以快速思考到下一步，激发出他们继续解题的激情，通过对学生的指导，让他们的发散性思维得到提升。

教师提示的主要内容应该使在学生听到提示之后能快速得到启发，这样不仅对他们当前解题有益，更有可能对他们的一生产生重要的影响。

3. 提示要具有一定的层次性

要根据具体情况的不同（主要是要求学生思考内容的难易程度和学生对这一内容理解时的思维难易程度）来调节提示的程度（或明确些，或含蓄些）。一般来说，当学生遇到的题目比较困难的时候，教师需要提示得明显一些，以免在提示过后学生仍没有思路，对自己的能力产生怀疑。当学生面临的题目比较简单的时候，教师的提示应该委婉一些，给学生一些思考的空间。如果题目过难，提示一步也无法解决的时候，教师需要一步步引导，由浅入深，在学生做题的时候培养他们独立思考的能力，并培养他们做题的兴趣。

4. 提示要考虑到大多数学生的需要

每一个学生的基础是不同的，教师无法顾及所有人的问题，但可以根据自己的教学内容和学生的掌握程度对全体学生提出问题，在给全体学生进行提示时，需要从大多数学生的角度出发，不能过于简单，也不能过于复杂。这就满足了大部分人的情况。而对基础太差和基础太好的学生，教师可以进行单独的指导。总而言之，作为一名教师，要平等对待每一个学生。

（三）常用的两种提示方法

从明确程度看，课堂提示可分为明示和暗示两种。

1. 明示

顾名思义，明示就是在学生遇到困难的时候，比较清晰地对学生进行正确的指导（思维目标明确，路线较为清晰，能使学生信心增强，有利于他们迅速获得成功），有时还要告诉他们用什么方法去思考（这些方法应当切合他们的思维实际，能收到立竿见影的效果）。

2. 暗示

暗示是指课堂教学中教师在向学生做必要的提示时，只是比较笼统、隐蔽和含蓄地把教学意图透露给学生。

通常暗示的方式有：言此意彼——说"此"的目的是想告诉"彼"，但又不直接说穿；言小意大——说的虽是"小"事，但从中可以悟出"大"意来；言实意虚——说的是"实"事，而一旦探究便能体察出"虚"。总之，暗示要紧紧围绕教学要求和教学内容，让学生从中受到启迪，不要故弄玄虚，让学生"丈二和尚摸不着头脑"。

第二节　小学语文课堂组织调控

一、课堂应变

应变很容易理解，就是教师在课堂上面对突发事件的处理能力，在发生紧急情况时，教师应该冷静地处理，不要慌乱，教师是学生的榜样，教师的性格一般都会对学生产生深远的影响。面对突发事件，巧妙调控，寻求解决问题的最佳途径，达到柳暗花明的教学佳境。语文教学应变艺术的要求主要有以下几个方面。

（一）善于对症下药

教师在面对学生问的莫名其妙的问题或者在进行反问之后学生的逻辑变得不清的时候，需要及时换位思考，找出学生的问题所在，对学生出现的问题采取针对性措施进行整改。

（二）善于因势利导

没有一名教师的教学生涯是一帆风顺的，在教学过程中总会遇到各种各样的问题，出现了问题，教师的第一反应不应该是回避，而是应该积极引导学生走向正确的轨道。例如，教师在讲述《愚公移山》的故事时，一名学生突然发问："愚公为什么要移山，把自己的房子移走不是更加方便吗？"面对这个问题，教师应该坦然处之，引导学生讨论：愚公移山体现了愚公什么样的精神。这样既解决了学生问的尴尬问题，又把学生引导到教学的轨迹中去。有的学生说，"愚公移山"贵在"移"，这正体现了中国古代人民不怕困难、人定胜天的坚强信念；有的学生说，愚公面对自己艰苦的生活环境，不愿抛弃故土，而是改造故土，这种精神正是中华民族高尚品质的一个缩影……学生的议论为教师的讲解和进一步引导学生深入认识课文意蕴提供了契机，使学生更好地把握了课文的主题思想和学习本文的意义。

（三）善于见仁见智

课堂上常会有学生对教材内容或教师讲授的内容提出不同看法，对这种情况，教师应积极支持鼓励。仁者见仁，智者见智，并不是教师说的就一定是正确的，通过鼓励学生积极提出自己不同的看法，来提升学生的独立思考能力。即便学生提出一些幼稚可笑的问题，甚至使教师处于尴尬的境地，教师也不可嘲讽、讥笑，挫伤学生思维的积极性，而应以极大的热情给予帮助、指导，使其得以进步、提高。

应变能力是教师的一项重要的基本素质。它是教师淡定处事、灵活处事的人格魅力的外在体现，是教师素质、学识和经验的综合反映。教师在教学中要不断充实自我，深入钻研，积累经验，勇于创新，真正达到教学上的灵活变通，游刃有余，充分展示教学艺术之魅力。

二、课堂讨论指导

（一）"讨论教学法"的内容

课堂教学是由"教"和"学"相互配合、相互影响，共同进行的一项活动。从教的角度看，教师无疑是应该唱主角的；但从学的角度出发，学生又无疑成了不可替代的主角。在通常情况下，一堂课总是教师讲得多，学生说得少；但在特殊情况下，有时会倒过来，学生讲得多，教师讲得少，这就是课堂讨论课。传统教学最大的弊端就是"一言堂"模式，不管教学内容如何，不管学生的注意力集中情况如何，也不管学生是否理解，往往由教师滔滔不绝地一讲到底。显然，这种讲课模式是很难调动学生学习积极性的。而"讨论教学法"则是"群言堂"式的，由教师提出讨论项目，让全体学生（通常分成若干小组）围绕教学内容各抒己见、畅所欲言，教师只是在学生讨论过程中适时插上几句，结束时小结一下，这样无疑会极大地激起学生的思维积极性。如在学习《山中访友》这篇课文时，通过对作者访问大山中的哪些朋友以及将这些朋友都比作了自己的哪些亲人进行提问，将这些问题融入讨论环节，引导学生进行讨论。课堂讨论是以学生为主导、教师为辅助的解决问题、相互探讨最后得出结论的方法。教师和学生都全身心地投入讨论中去，讨论结束之时事实上教学目的已经达到，教学任务已经完成。讨论教学法的种类是多种多样的，既可以是整堂课的讨论，也可以是十分钟、八分钟的讨论；既可以是全班的讨论，也可以是三五人的小组讨论。

（二）课堂讨论是激发学生积极思维的一种好方法

课堂讨论是课堂教学方法的一种，它最能激起学生的学习兴趣，因为在课堂讨论中淡化了教师的作用，强调学生的探讨能力，相比于直接灌输知识，这种先让学生自主学习，再对学到的知识进行辩论的过程会激起学生的胜负欲，谁也不想在这场没有硝烟的战争中落入下风，所以自学起来都特别积极。相对于新的知识粮食，自己去咀嚼，就会显得十分有味道。如果教师不管学生"胃口"如何，硬把知识塞给学生，其结果必然会使学生"囫囵吞枣"，会患上"消化不良症"；而如果让学生"你争我论""你敲我打"，尽管表面上教师没有花多少力气，但从实际效果来看应该是相当令人满意的。课堂讨论能够激起学生的积极思维，这是被无数教师实践经验所证明了的。学生的口头表达能力、逻辑推理能力、质疑和释疑能力也会相应有所增强。在课堂教学中，组织学生对教学内容的一些重难点进行适当的讨论，有利于提高教学质量，学生为了证明自己的观点，思考会更加成熟，准备预习会更加充分，兴趣会更加高昂，在这种亢奋的状态下，他们对知识的汲取就会更加快速，头脑也会更加灵活。

（三）选定课堂讨论题目及几项准备工作

课堂讨论的题目跟其他形式的讨论题目不一样，它是受课堂教学的目的、要求制约的（讨论要花费较多的教学实践，因此教师在选择讨论题目时要仔细思考）。如果讨论的题目过于深入，就会导致一部分学生由于个人能力不足无法参与到讨论中来，久而久之，这部分学生就会失去讨论的兴趣。如果讨论的题目与教学内容不相关或关联较少，即使能够保证每个人都参与进来，但并没有什么意义，因为我们组织课堂讨论的目的并不是讨论本身，而是讨论前的准备、讨论中的交流以及讨论后的总结。这三点分别培养学生的自学能力、社交辩论能力、问题总结能力。由于课堂讨论选题要求比较严格，一般要符合以下三个条件：一是在教学过程中碰到的难点，即大多数人在课上难以理解的点。二是大多数人对这个问题是充满兴趣的，可以为了它查询资料和做准备。三是这个问题具有发散性，能够拓宽学生的视野。不能"为了讨论而讨论"，也不能打着"大语文"的"幌子"，"耕了别人的田，荒了自家的地"。比如在

《道士塔》的教学中，执教者在学生整体把握文本的前提下，从"我好恨！"这样一个直接流露作者的爱憎感情的句子入手，从"探究"的角度连续提出"恨什么""恨的实质是什么""怎样写恨""你怎样评价这种写法"等不同层面的问题，来组织学生围绕问题展开讨论，这些"提问"的目的是让学生把握文本的思路、重点、难点和主要的写法，学生如果按照这个思路去思考、讨论问题，也就基本理解了文本的内涵，课堂讨论也就有了实实在在的效果。

与课堂讲授相比，课堂讨论有利于发挥学生的主动性和积极性，在讨论过程中，学生是课堂的主体，而教师则成为旁观者，学生在讨论的过程中都能提出自己的观点，在这个过程中，必须认真听取别人的观点才能继续参与反驳，以随时得到反馈信息，及时调整自己的观点。然而，同时应该清楚地认识到：教师在学生讨论中有着不可或缺的、至关重要的作用，因为学生进行的讨论，并不是他们自发的行动，而是在教师的具体指导下进行的，要使课堂顺利进行并取得较大的收获，教师应在学生讨论开始之前做好多项准备工作。总而言之，既要"务虚"，又要"务实"。先说"务虚"———要想方设法创造符合教学目的、要求的条件和环境，以使学生开展积极的思维活动；二要在不断讨论的过程中潜移默化地培养学生的辩论素养和讨论能力，让学生们从理性的角度分析，如何去反驳他人的观点，又该如何用材料佐证自己的观点，进行反驳时，要有理有据，不要"戴帽子""打棍子"等。再说"务实"———教师在讨论前除选好题目外，还应该注意两点：一是在各个小组中安排一两个学生做中心发言（可以是组长，也可以是组员），这样避免在开始的时候出现冷场和你推我让的局面；二是事先召开一次各组组长会议，教师告诉他们应如何紧扣教学内容和教学目的的要求组织好讨论，特别是应该教会他们在其他同学不发言或"乱发言"时怎么办。

（四）做到"分散为主、集中为辅"

学生课堂讨论的题目已经选好，在讨论正式开始之前，"务虚""务实"两个方面的工作教师已经准备就绪，接着要注意的就是如何具体组织和合理分配时间了。

要使以学生课堂讨论为主的课取得较为理想的教学效果，在组织形式和时间分配方面，均应做到"分散为主、集中为辅"。如果不分小组，整个班级集体讨论，那么一是教师难以控制课堂秩序，容易出现乱哄哄的局面；二是由于时间关系，多数学生得不到发表自己见解的机会，显然是很难达到预期的讨论目的的。而如果只有分散，没有集中，则容易走向另一个极端：人人各抒己见，个个自以为是，结果气氛虽是十分热烈，但由于缺了正确的指导，少了必要的归纳，应该经过讨论达成正确的"共识"很难在学生心中留下清晰的、鲜明的印象，还是达不到预期的讨论目的。要使以学生讨论为主的课真正做到"分散为主、集中为辅"，应注意以下几点：一是每个讨论组的人数不宜过多或过少，以七八个为宜（人数过多会使有些学生失去发言的机会，人数过少则不利于集思广益）；二是集中时间不宜过长，以保证学生有充分的时间对教师选定的题目进行深入的讨论，通常分散讨论的时间应占总的教学时间的2/3以上；三是组织形式要灵活多样并富有变化，要有分有合，既要有小组讨论，也要有大组交流（如有需要听取两组的不同意见，也可将两组临时合并）；四是教师要把握好指导的良机，以使讨论的质量提高，不但在集中时归纳各种不同观点，明确告诉学生正确的答案，而且在学生讨论"出轨"时及时加以纠正；五是教师的指导要精准和恰当，无论是在参加小组讨论时发表意见还是最后的集中讲评，都应简明扼要，切中要害之处，而不应喧宾夺主，占据过多原本属于学生讨论的宝贵时间。

（五）保护少数及把握讨论的全局

保护少数，要允许不同意见存在。不论是学生讨论时，还是教师加以总结时，均应如此。要让持有不同观点的学生有充分阐述自己观点的时间，要指导学生换一个角度去思考其中的合理因素，看看其中是否有互补的东西。即使这种观点是错误的，教师也不应当全盘否定，而应该对学生勤于思考、敢于发表独立见解的精神加以肯定和鼓励。

保护少数，其实质是保护学生的思维积极性。课堂教学的目的不仅是让学生学到正确的、有用的知识，更重要的是要使学生在学习和掌握知识的过程中不断增强自身的思维能力。在课堂讨论中，教师不要轻易地否定学生的不同意见，即使对错误观点，也要"一分为二"地加以对待（否定其答案，肯定其精神），这样做便能促使学生大胆思考，充分激发起他们探究问题的正确答案的思维热情。在这样的教学氛围中，他们便不会人云亦云，随波逐流，这对于提高他们的思维质量是大有好处的。

当然，保护少数的前提是要分清正确与错误，不能对错不分，更不能以错为对。在肯定和鼓励少数学生敢于发表独立见解精神的同时，在极少数学生因背离了正确的思维方向、死钻"牛角尖"而坚持错误时，教师应该及时指出错误之所在，以使他们回到正确的思维轨道中来。那种打着尊重学生主体性的旗号，对于学生的问答要么"不置可否，坐下拉倒"，要么"一概称好，掌声鼓励"，都是不可取的。

从表面上看，以学生讨论为主的课，教师的工作量似乎减少了，不必像以讲授法为主的课那样滔滔不绝地讲个不停；实际上，教师的负担并没有减轻，反而比一讲到底的课加重了。有经验的教师善于从中寻找课堂教学的"契机"，及时根据学生的实际情况，调整原来的教学设计，在教师的调控下，课堂比预设的更加生动活泼、多彩多姿。

教师要善于把握全局。在授课开始时，应先把知识结构简单地跟学生表达清楚，并把学生分为若干小组进行讨论，在讨论过程中教师不要干扰学生之间的正常讨论，除非偏题太远需要及时纠正。通常情况下，教师只当"听众"而不发表自己的观点，这样有利于学生毫无顾忌地发表自己的个人见解，有利于提高讨论的质量。到分组讨论快结束时，教师已基本做到心中有数，可让持不同观点的学生做发言的准备。讨论结束时让学生发言，最好各种观点都有，然后教师进行概括性的总结，既要把正确的结论凸显出来，又要表扬学生在讨论中体现出来的好精神，这样的总结会给学生留下十分深刻的印象。

三、课堂表扬与批评

（一）课堂表扬

1. 课堂表扬的作用及艺术

（1）课堂表扬的作用

课堂上对表现优异的学生及时表扬，能够提升学生学习的积极性，激发学生学习语文的兴趣，对其他学生也是一种激励，鼓励他们积极主动学习。具体表现为以下几点。

第一，可以在无形中向学生展示本节课的教学目的和要求。由于在课堂上教师提出的问题都是与本堂的知识点有关的问题，被鼓励的学生一定是对本节课的知识有较深的理解或达到了本堂课的教学要求才会被鼓励，所以被鼓励的学生就会成为指引航线的灯塔，引领其他学生专注于本节课的知识中去。

比如教师表扬及时背诵的学生，其实是对那些没有背诵的学生提出了背诵的要求。

第二，被表扬的同学在回答问题时无论回答得完美还是有缺陷，他们对教师提出的问题都先进行了仔细的思考然后回答。这时候回答的答案正确与否已经不是那么重要，通过对该同学的表扬，会使其他学生能够认真听讲，使课堂变得活跃起来。

第三，能够激起学生的胜负欲，提高学生的思考能力，回答问题而受到表扬的同学一般都不会把问题回答得太过完美，但他还是受到了表扬，这就会引导其他学生对被表扬同学的答案进行补充，使课堂变得活跃，学生更加积极地思考，这对培养学生的求知欲是有极大好处的。

（2）课堂表扬的艺术

课堂教学表扬只是一种手段，其目的是激起学生旺盛的思维热情，以便更好地完成教学任务。表扬的手段用得好，其积极作用也是显而易见的，然而并不是所有的表扬都能得到预期的效果，这一点也是应注意的。

课堂表扬要讲艺术，讲不讲艺术效果大不一样，这里所说的"艺术"，其含义是"独特而富有魅力"。富有创造性，富有新鲜感，具有神奇的吸引力，便能使学生产生一种愉悦感，使他们的思维保持愉悦的状态，从而激发大脑迸发出智慧的火花。不用说，在这种状态下，他们会变得聪明起来，还有什么教学内容不能很好地理解，还有什么难题不能迅速地解决呢？如果表扬不当（表扬时机不当——不当表扬时表扬；表扬场合不当——不当表扬处表扬；表扬方法不对——用表扬小学生的方法表扬中学生），情形就完全不同，非但不能起到表扬的作用，甚至会适得其反。如果教师的表扬或使学生"飘飘然"，或使他们"懵懵然"，那么其作用与预期相差甚远，会产生消极的影响，影响学生思维积极性的发挥和课堂教学活动的顺利进行。

2. 课堂口头表扬的特点

由上可知，教师在课堂上对学生进行表扬讲不讲艺术，效果是大不一样的。而要使表扬富有艺术性，以激发起学生的学习兴趣和引起学生对教学内容的重视，教师必须了解课堂口头表扬所具有的特点，并根据这些特点对学生在学习活动中值得肯定、赞许的言行进行表扬。在课堂活动的进行过程中，教师的口头表扬与课外的书面表扬有着不同的特点。

第一，即时性。课堂表扬不是在备课时就已经事先设想好并在教学活动进行到一定阶段加以实施的，而是随着教学活动的展开，出现了某些值得肯定和赞扬的现象（包括学生的言行、神色等）时，教师才加以运用的一种教学手段，具有"实发"的性质。因此，整个课堂教学活动过程中，教师应当十分留心，当值得表扬的"苗子"一出现，就应不失时机地进行表扬。

第二，精练性。课堂表扬不是目的，仅仅是一种激励学生保持更旺盛的学习热情，积极参与教学活动的手段而已。表扬不应占据过多的教学时间，以免影响教学任务的完成和教学计划的实施。表扬要就"实"论"虚"，即要透过表面现象，把实质性的东西揭示出来；语言表达要简洁，"点"到为止，不要啰唆不停。

第三，对学生的某种言行、神色加以表扬，必须有利于本课教学目的的实现和教学任务的完成，有利于提高学生学习的兴趣和积极性，但光考虑"利"和"理"是不够的，同时还应当渗透浓郁的情感因素。表扬应该是充满激情的，通过表扬使教师与学生的情感得到交流，以形成一种有利于收到最佳教学效果的氛围。带有浓郁情感色彩的课堂表扬，其艺术感染力远远超出一般的纯理性表扬，这是毋庸置疑的。

3. 表扬要适时和因人而异

课堂表扬是实现教学目的和完成教学任务不可或缺的一种手段，但要达到预期的目的和收到上佳的效果，教师实施时必须十分讲究艺术性。这里所说的"艺术性"，除了"独特而富有魅力"这一含义外，还有"表扬要适时"的意思。"表扬要适时"中的"适时"当然有"及时"的意思，但又不是简单地等同于"及时"；"要适时"要求教师要了解课堂教学活动进行到哪一个阶段、在哪些场合，最适合使用这种教学手段，要善于抓住最佳时机实施表扬（这里包含两层意思：一是在其他阶段、其他场合，表扬不如此时、此处效果好；二是使用任何其他教学手段均比不上表扬来得管用）。在课堂教学活动中，下列几种情况是应该表扬的。

第一，学生能很好理解时（无论是正确理解教学内容，还是正确理解教师的教学意图）——此时表扬能培养他们思维的正确性；学生的正确思维（包括思维内容和思维方法）因教师的肯定而得到了鼓励和强化，这必将使其在以后的学习活动中得到很好的发挥。

第二，学生很快理解时（无论是理解教材中有一定难度的教学内容，还是正确地理解教师的教学意图）——此时表扬能培养他们思维的敏捷性；学生反应的敏捷程度虽说跟遗传因素有关，但主要还是通过后天的实践（其中容易见效的是得法的教育）得到提高的，教师的适时表扬能加快其提高的速度。

第三，学生能深刻理解并发表自己的独特见解时（只要有一定的见解，有一定的独创性，哪怕这种见解还不够严密，甚至存在有失偏颇之处）——此时的表扬尤为重要，能培养他们思维的独创性；学生的独到见解受到教师的好评，学生独立思维的行为受到教师的赞扬，久而久之，学生会从教师的好评和称赞中得到鼓励和启迪，会逐渐养成时时处处独立思考的良好习惯。

表扬要因人而异，这是因材施教的一种具体的表现形式。孔子的两个学生问同样的问题："听到了符合'义'的事应该立即去做吗？"孔子对子路说"有父兄在，怎么能贸然去做"，而对冉有说"应该立即去做"，其高明之处在于根据不同对象的特点做出了不同的处置（"由也兼人，故退之"；"求也退，故进之"）。教师在课堂教学实施表扬时不妨学习孔子的这种做法。一般来说，"好学生"受表扬的机会比其他学生要多一些，但教师实施表扬时也要根据不同的具体情况加以区别对待。"好学生"有两种类型：一种是学习态度认真，考试成绩好；另一种是脑子特别好使，但不太踏实。对此，教师表扬的重点应有所不同。对前者，在表扬其态度认真的同时应要求他们拓展思路，注意灵活性。"差学生"也不总是与教师的表扬无缘的。只要教师不戴有色眼镜看他们，他们身上的闪光点也是会发光的。不要对他们求全责备，而应当尽可能"择其善者而扬之"。只要他们的见解之中有一点可取之处，只要他们有一点进步，都应当郑重其事地加以表扬。曾经有一位学生抄袭作文，屡禁不止，其老师为了改掉他这一毛病，没有对他进行责骂和斥责，而是对他提出了"表扬"。这位老师从抄袭作文的事上，肯定了学生的三个优点：一是有上进心，想得个好成绩；二是有辨别力，看得出这是一篇佳作；三是抄写认真，字迹工整。同时，这位老师还不失时机地启发学生说："你为什么认为这篇文章好？好在哪里？请把你感受最深的地方写出来，好吗？"表扬学生、赞赏学生，用放大镜来关注他的优点，并公布于众，从而激发他的自尊心和自信心，转化他的缺点，这样的教育手段可谓是高明至极。

显然，有针对性地、因人而异地进行表扬，比起笼统地只表扬成绩好的学生，效果要好多了。

4. 表扬要面对全体学生和表扬要适度

课堂表扬不但是一种行之有效的教学手段，更是一门极具魅力、能吸引学生全神贯注于学习内容的艺术。教师具体实施时，艺术性越强，教学效果越佳。这里很重要的一点是要处理好点和面的关系——即不但要使受表扬的学生得到鼓励，使其学习兴趣和积极性得到加强，而且要让没有受到表扬的学生同样也得到鼓励，也能激起他们浓厚的学习兴趣。

课堂表扬这种教学手段运用得恰当，毫无疑问，对提高课堂教学质量有着十分积极的作用；但如果运用不当，非但不能产生任何作用，还会带来相当消极的负面影响。这里要注意一个度——表扬要适度，不可滥用，这是课堂表扬必须遵循的一条重要原则。在教师对学生提出表扬时要实事求是，不要为了表扬而表扬，在表扬的过程中要明确该同学被表扬的原因。此外，表扬的语言要适度，该同学做到了什么程度，就应该受到什么程度的表扬，不能夸大也不能缩小，绝不可任意拔高。合理的表扬能给学生树立看得见的、能仿效的榜样，这种榜样的力量是无穷的；而过度的、不合理的表扬往往会事与愿违，或者因时机不当中断教学活动。有的教师打着保护学生主体性的旗号，对学生一味地表扬，如在文本的解读中，有学生提出《背影》中的父亲不潇洒，违反交通规则，应该从书中取消。又如在《皇帝的新装》的教学结束后，教师提问：应该向什么人学习？有一半的学生主张向骗子学习，因为他们是"义骗"，骗了坏人。教师在授课的时候如果对他们的见解叫好，显然是违背文本的核心价值和教师的价值理念的。如果一味地表扬所谓的"求异思维"，称赞其"独创性"，反而有可能将学生引进思维的"死胡同"。

（二）课堂批评

1. 批评的作用

在课堂教学活动中，教师要想使自己的课堂能够顺利进行，让知识点印在每一位学生的脑海中，可以在不同环境下进行不同的调节。一般调节有正反两种模式，分别代表着表扬与批评。当然，学生的学习都是正向的实践，所以正面调节要占大部分。但是在一些特殊的环境中，正面调节已经不能解决问题了，这就需要教师进行反面调节，对学生进行批评。

每一位教师在批评学生的过程中都应该时刻意识到，批评并不是为了达到批评的目的，最主要的是以批评为手段告诫学生以后不要再犯同样的错误。一般情况下，只有以下两种情况需要教师对学生进行批评教育：一是扰乱课堂秩序。对打乱教师教学节奏或者偏离学习轨道的，必须及时教育批评，如果情节恶劣，略施惩戒也是有必要的。二是为了威慑学生，让学生对教师保持最起码的尊重。教师在进行批评教育时，表情要严肃，语言要犀利，只有这样，才能对学生产生较大的威慑力，使学生能及时认错，努力改正。

2. 课堂批评的特点

一般来说，课堂批评有以下一些特点。

第一，即时性。同表扬一样，对在课堂上犯错的学生，教师应该及时予以批评，这样能减少其他学生注意力不集中的问题，而且发现问题就要及时指出，过后再进行批评效果就会差很多。

第二，典型性。能在课堂上被批评的学生肯定具有典型性，他在课堂上做出了与学习无关的事，打破了教师的底线就要及时批评，让他及时认错。此外，也可以把这位被批评的学生的行为设为警戒线，告诉其他学生如果他们触碰了底线也会遭受批评。如个别学生上课分心，教师可通过眼神等形式加以暗示，而进行批评则会分散本来聚精会神听讲的学生的注意力。

第三，分析性。在对学生进行批评的过程中，教师需要指出学生错误的地方。值得注意的是：首先，不要一味地批评，要有理有据地批评以防止学生内心感到不平衡而心生怨气。学生有时像皮球，越拍蹦得越起劲。其次，不要因控制不住自己的情绪而迁怒其他学生，说些对全体学生丧失信心的话。再次，要给学生反驳的权力，给他们时间去阐述犯错的过程。最后，进行批评教育过后，帮助学生找到错误的原因，引导他进行改正，再适当采取惩戒的手段。

3. 批评的艺术

犯错就要受到惩罚，就要受到批评，这是天经地义的事。批评是一种教育手段，它的目的并不是单纯地批评学生，而是让学生在受到批评教育的过程中认识到自己的错误，虚心改正。教育可唤醒人内心沉睡的巨人。作为教师，我们应该清晰地认识到，学生犯错是必然的，他们还没有形成正确的三观，对一些事还没有正确的应对能力，所以学生犯错往往也不是一件坏事，及时进行批评教育的话还不算晚，通过教师的批评教育，学生会逐渐养成判断事物好坏的能力。当然在批评过后，教师不应该戴着有色眼镜去看这些学生，还是应该温柔以待。

四、创设最佳教学情境

（一）情境和教学情境

情境一般是指一种促进学生学习主动发展、自由思考的情感环境。对于教学情境概念，目前由于教育学的专家和学者因其自身研究的领域与角度不同，对教学情境的定义也不同。

其一，所谓教学情境是指教师在教学过程中创设的情感氛围。"境"是教学环境，它既包括学生所处的物理环境，如学校的各种硬件设施，也包括学校的各种软件设施，如教室的陈设与布置，学校的卫生与绿化以及教师的技能技巧和责任心等。在课堂教学中，专指教学双方的关系。"情"指融汇在"境"中的师生之间的教与学关系的生动景象。"情"因"境"生，"境"为"情"设，"情"与"境"的和谐统一才是情境。

其二，所谓教学情境就是利用具体的场所（教室环境）、景象（教材文境）、情况（学生心境），来引起学生情感体验而进行的教学活动，它是师生和谐交融的情感关系，是与文本情感统一的教学氛围。

其三，所谓教学情境是指在教学活动中，教师根据教学内容和目标、学生的认知水平以及教学条件所创设的一种能引起学生情感和心理反应的，对学习的意义建构起帮助和促进作用的氛围与环境。

对以上观点加以综合概括，教学情境包括学科的因素、人的因素、物的因素，是多种因素的巧妙结合，即它包括"情感"和"场境"两个方面。以上几个因素中，最关键的是教材、教师、学生三个基本因素。

（二）教学情境的功能

1. 促发学习

现代心理学认为，人的一切行为都是由动机引起的，而人的动机、欲望是在一定的情境中诱发的。大量实验表明，仅仅依靠学习目的为动力来推进学习是无法长久维持学习状态的，而在创设的情境中来推动学习是可以持久的。在这种环境下学习的学生，注意力会更集中，学习能力会更强。

2. 启发智慧

启发智慧即促进学生智慧发展的功能。良好的教学情境能提供适度的、愉悦的刺激，引发学生积极思考，促进智能的发展。特定的教学情境能把学生带到想象的世界中去，使想象丰富、活跃起来，进而调动表象储存，重新组合，构成知识的新意象、新理念，在教与学的互动中，完成思考的全过程，实现知识的内化，使智力得到新的发展。

3. 强化记忆

教学情境通过创设一种愉悦的教学氛围，激发学生积极思维。它将平铺直叙的刻板式说教化为跌宕起伏、错落有致的教学节奏，从而在学生脑海中留下强烈而持久的印象，使传递的信息在认识中不断获得加强。

4. 陶冶情操

杜甫《春夜喜雨》有诗句云："随风潜入夜，润物细无声。"教育规律告诉我们，只有在潜移默化中完成的教育，才是最有效果的，这就是情境教学中的陶冶教育法。当然，这种潜移默化的过程不是一朝一夕就能完成的，而是要在平时良好的教学情境中经过日积月累的陶冶、滋养、感染才能取得。经过长期的积极情境熏陶的人，往往会形成一种完善的心理结构和心理定式，它会对人的生活产生巨大的影响。

5. 协调氛围

良好的教学情境能拉近师生间心灵的距离，使课堂气氛更加和谐，具有促进师生关系达到高度和谐统一的功能。语文教师能在教学过程中精心创设教学情境，就能形成师生关系的"心灵谐振场"，使课堂呈现出一种愉悦、和谐、民主的学习气氛。

（三）语文课教学情境的创设

1. 借助实物和图像创设的教学情境

教学中的实物主要指物品、模型、标本以及实验、参观的对象等。在教学中的图像则是一种直观的工具，它包括板书、画图、挂图、幻灯片、录像、电影、电脑等电化教学手段。

2. 借助动作（活动）创设的教学情境

教师在教学中以姿势辅助语言，如打手势、比画一下，它具有形象性。但是，这里我们所要强调的动作的形象性从数学的角度来说主要指操作，从语文的角度来说主要指表演。

第一，操作。教学中通过让学生操作学具，可以使许多抽象知识变得形象直观。操作的特点是使抽象通过动作而变得形象直观，从而把动作思维和形象思维有机结合起来。演示也能创设直观情境。

第二，表演。表演是更高层次的形象性，因为它不仅是教学内容的外观形象，而且展现了人物的内心世界。如一位教师在教学《范进中举》一文时，组织学生按合作小组进行了课本剧表演，然后由评委亮分，点评，再组织大家讨论"范进中举后为何会发疯"等教学难点问题，这样，学生理解起来就不太费力了。

3. 借助语言创设的教学情境

第一，朗读。声情并茂的朗读能把学生带到作品的艺术境界之中，使学生如临其境、如闻其声、如见其人。

第二，描述。教师绘声绘色的描述，也能够把抽象概念变得生动形象。

第三，比喻。不仅会使抽象的东西变得具体，化平淡为生动，还能把难以理解的内容变得浅显易懂。

4. 借助背景知识创设的教学情境

所谓背景知识是指与教材课文内容相关联的知识的总称，主要包括：①作者生平介绍；②历史典故介绍；③时代背景介绍。如一位教师在教《廉颇蔺相如列传》一文时，导入时采用了时代背景介绍法创设情境："战国时代，天下纷争。在长年征伐之后，至战国末期，强大的诸侯国仅剩秦、楚、齐、赵、韩、魏、燕等七国。七国之中，以秦力量最为强大，它要统一中国，于是采取远交近攻、各个击破的战略，积极对外扩张。秦穆公时，赵国国王得到了稀世珍宝'和氏璧'。为了得到此宝，秦穆公提出愿意以十五座城池来换取和氏璧，实则是对赵国进行公然的政治讹诈。在秦强赵弱的情况下，群臣无计可出。这时，赵国一个地位很低下的宦官门客蔺相如挺身而出，为了维护祖国的尊严和利益，与秦王展开了一系列有理有节的斗争。这就是我们今天要学习的《廉颇蔺相如列传》讲的故事。"这样导入，营造了一个既紧张又充满悬念的情境气氛，激发了学生产生一探究竟的学习兴趣。

5. 借助问题创设的教学情境

一位教师在讲授某篇课文时，问了一个这样的问题；"同学们，这个世界是不是只有人类才会创作音乐？这个世界还有其他生物的音乐存在吗？"这样一问，仿佛平静的水面投入了一块石子，在学生心中激起阵阵思维的涟漪，收到了很好的教学效果。总之，教学情境是多种多样、丰富多彩的，广大教师只要虚心学习教育先贤和同行的先进教学经验，并且在教学实践中不断探索，就一定能够灵活自如地运用情境教学方法，使我们的语文课堂焕发出勃勃生机。

第五章

小学语文教学与班级管理

第一节　小学班级与班级管理

一、班级与班级管理

（一）班级与小学班级

1. 班级的概念

班级是学校为了顺利开展教育教学活动、确保学生全面发展目标的实现而划分出的学习单元，以及与为其配备的相关教师所共同构成的一种组织。

（1）班级是一种教育性组织

在很多人眼中，班级就是一群学生组成的集合，但事实上并不是这样的，班级是影响教育的因素之一，学生们一起上课、一起下课，互相影响、互相进步，教师也通过班级进行学科教育，并且教师要想对学生产生作用必须经过班级这个平台来实现，故班级是一种教育组织。

（2）班级的目的是培养人

与其他组织不同，班级是为实现教育目的而形成的组织，是一种教育性组织。班级组织的目的是让教师更顺利地从事教育活动，培养在"德、智、体等方面全面发展的社会主义建设者和接班人"。因此，学生的发展是其重要的目标。

（3）班级是学校的"细胞"

如果把学校看作一个人的话，那么学校里的一个个班级就如同人体的细胞一样，彼此相互影响、相互依存，不可分割。也就是说，学校是由许多班级组织构成的，教育活动是在具体的班级组织中开展，班级是学校的基层教育组织或细胞。

2. 小学班级

小学班级具有学校班级的一般特点，但由于小学的教育性质、教育目的和教育任务不同于其他层次的学校，因而小学班级有着自己的组织特点。

（1）小学班级是少年儿童的学习组织

小学班级是根据我国学校制度的规定，为实现一定的教育目的，按照学生的年龄和发展水平在小学里建立起来的。目前在我国的小学里，班级的组成成员一般都在6～12岁，年级一般为一至六年级。组成班级的学生的年龄特征决定了班级的组织特征。这种组织建立的目的是满足少年儿童的学习需要，因而它是少年儿童的学习组织。

（2）小学班级是在成年人指导下的学习组织

以6～12岁的少年儿童为主体组成的班级，是他们走出家庭初步参与社会生活的组织，他们在这个组织中得到社会生活的初步训练。由于这个组织的主体组成成员年龄小，在生理和心理发展上还未成熟，自主性发展还存在不足，在这样一种状况下，组织成员会影响小学班级的组织行为，因此必须接受成年人的指导。

（3）小学班级中存在着平行的中国少年先锋队组织

在我国，每个小学班级中还存在着一个平行的政治组织——中国少年先锋队（简称"少先队"）。根据《中国少年先锋队章程》规定，凡是7～14周岁的少年儿童，愿意参加少先队，愿意遵守队章，向所在学校少先队组织提出申请，经批准，就能成为队员；在学校、社区建立大队或中队，中队下又设小队，根据有关规定，在小学把全体适龄儿童组织起来。因此，从小学一年级开始，班级就逐步地同时成为少先队组织。

（4）小学班级是一种班队合一的组织

由于小学班级里存在着由同样的成员组成的班级行政组织和少先队这两个平行的组织，所以小学班级实际上是一个班队合一的组织，或者说是具有双重性质的组织。同一群人两个组织，但两者既有联系又有区别。前者是小学开展教育教学活动的基层组织，其目的是培养合格的公民；而后者是少先队组织，其目的是培养共产主义事业接班人。

（二）管理与班级管理及其要素

1. 管理与班级管理

（1）管理

有组织的存在就必须有管理。组织生活离不开管理，管理是与组织生活相联系的。管理的存在是必然的，俗话说得好，"没有规矩，不成方圆"，即使有了规矩，也会有人不遵守规矩，这就需要管理者使用自己的权力来规范人们的行动。管理是一种实践活动，它通过管理者采用一系列管理措施和方法来实现一定的组织目标。

（2）班级管理

班级管理是一个动态的过程，它是管理者根据一定的目的要求，采用一定的手段措施，带领全班学生，对班级中的各种资源进行计划、组织、协调、控制，以实现教育目标的组织活动过程。班级管理是一种有目的、有计划、有步骤的社会活动，是教师与学生之间、教师与教师之间、学生与学生之间等的多边活动，这一活动的根本目的是实现教育目标，使学生得到充分的、全面的发展。

2. 班级管理的要素

（1）管理者

管理者主要是指班级管理的主要责任者。从广义上讲，班主任、班集体、班委会、任课教师、家长及家长委员会等都是管理者。班主任是主要的管理者；班集体一旦形成也会成为巨大的教育与管理力量，而班委会是其中的领导核心；班级的任课教师也都在各自学科的教学中实施管理职责；有些班级建立起来的家长代表组成的家长委员会也是班级管理的重要参与者。

（2）管理对象

班级的管理对象是班级生活的全部构成方面：一是全体班级组织成员，包括全体学生和相关教师，其中学生是主要的管理对象；二是班级管理空间，如一定的教室、班级活动的场所；三是班级管理的时间，主要是指班级管理活动在一定的时间内调度，如一个班级在小学中六年的存在，当然一个年级的班级只存在一年。

（3）管理手段（或方法）

班级的管理手段是班级管理者实施班级管理的各种措施，主要包括：组织管理，如通过班级的某种正式组织或非正式组织来进行；目标管理，如通过班级目标的实现来管理；活动管理，如通过开展各种班会等班级活动来进行；制度管理，如通过建立班级的管理制度来进行。另外，还有集体管理和个别管理等。

3. 小学班级管理

上述班级管理的要素也适用于小学班级管理，只不过管理的对象有所不同，管理者的责任与任务有所区别。小学是学生迈进校园的第一站，小学管理者需要根据自己的目标和职能来调节、控制、组织小学班级的一切活动，以实现预定的班级组织目标。

（三）班级管理的内容

学校的各种教育活动的开展，大部分都是以班级为单位进行的，班级是学校的基层组织。班主任作为班集体的直接管理者和负责人对全班学生进行教育。

1. 班级建设

在集体教育的背景下，学校把年龄大体相当、身心发展水平接近、来自不同家庭背景的孩子集中到一起组成一个教学班级。班级是学校教学的基层单位，一个良好的班集体往往会使各项教育教学活动的开展事半功倍。但是，一个教学班级的形成往往带有许多随机性和偶然因素。

一个教学班级的组成，是一群人按照一定的规则，同时带有一定随机性地组合到一起。此时，班级虽然有了组织的形式，但是这样的一个群体还不是一个真正的组织。一个真正的班级组织需要做到以下四点：第一，必须把建设班级作为首要任务；第二，必须有完整的组织架构，有一个领导指挥；第三，组织内的成员必须严格遵守组织的相关规定；第四，提高组织的凝聚力，将个人荣辱与集体荣辱相结合，形成一个整体，在组织的活动中，提升团队的凝聚力。

2. 班级活动管理

班级活动是联系学生与学生、学生与教师之间的纽带，密切了班级人与人之间的联系。班级活动还为学生提供了展示自己的舞台，使更多的学生找到自己的优势，满足学生追求成功的愿望。活泼有趣的活动往往深受学生的喜爱，在班级活动中进行教育，效果往往比单纯的说教好得多。一次好的班级活动往往会给学生留下非常深刻的印象，对于他们的成长和发展起到很大的作用。所以，班级管理者要利用好班级活动这一重要的教育途径，实现班级的教育目标。

小学班级活动是班级管理者指导学生依据一定的教育目标所设计的、组织班级所有成员共同参与的教育活动。这些班级活动有：常规班级活动，包括晨会、班级例会、课间活动等；主题班级活动，包括主题班会、少先队活动等；

实践性活动，包括科技创新活动、社区服务活动和参观访问等；课外活动，包括文艺活动、体育活动、游戏活动等；心理辅导活动，包括学习辅导、人格辅导、生活辅导等。总之，在实际操作中，班级管理者应该根据不同的需要，决定举行何种形式的班级活动。

3. 班级课堂管理

在班级中会有班主任一职，班主任的职责并不仅仅是教学，还有一个重要的职责是对班级进行管理。由于班级是一个整体，但它却是由好多个个体组成的，所以在建设初期，班级松散是必然现象。这时候班主任的重要性就体现出来了，班主任在完成教学任务的同时，调控班级中人与人之间的关系，引导学生不断参加组织活动，逐渐提升班级凝聚力，在凝聚力不断提升过后，班主任就能更加轻松地管理班级。良好的课堂管理不仅能建构良好的师生关系，保证课堂教学的顺利进行，而且能激发学生学习的兴趣与动机，培养学生良好的学习习惯，还能促进学生在课堂中的积极情感体验，推动学生的全面发展。

4. 班级学习管理

学生的主要任务是学习，因此，班级学习管理是班级管理的中心内容之一。小学阶段正是学习知识、发展能力的重要阶段，而由于现代社会科学技术迅猛发展，信息科学和信息传播手段日益提高，知识量急剧膨胀，班主任若能给学生以有效的学习指导，培养学生良好的学习习惯，形成"学习型社会"所需要的学习方法，则是给他们的未来奠定了扎实的基础。小学生的学习能力还不完善，主要体现在学习方法上，因此班级管理者要多给予学生学习方法的指导。班级管理者要注意保护和激发学生的学习动机，以免因为教学活动的安排不当而降低了学生的学习动机。

人天生有求知的需要，由此而产生出学习动机。首先，班主任要让学生在认识上明确学习的重要性，懂得进行学习的一些途径，培养学生良好的学习习惯；其次，成功的经验对学生的学习行为是一种强化，要让每位学生都在学习中有成功的经验，从而激发出更大的学习动力；再次，要培养学生坚强的意志，明白要想学有所得就必须付出努力；最后，培养学生的学习行为。学生的学习活动主要是在课堂上展开的，具体知识的学习主要由任课教师负责。课程学习方法的指导主要是对学习的计划和安排，比如预习、听课、复习、完成作业、考试等。另外，还要指导学生进行课外的学习活动以及指导学生养成进行实践活动的习惯。

5. 班级情绪管理

一个人的情绪是多变的，是很难调控的，更何况一个班级是众多人的集合，班级的情绪管理一直是一个难题。人与人之间的情感是相互影响的，虽然班主任无法管理每一个人的情感，但对于班级整体的情感的宏观调控还是比较容易的。小学生正处于人生的春季，正开始走向独立人格的建立，这时候的情绪是极难控制的，班主任在调控班级情绪中起到不可或缺的作用。而21世纪是一个高速发展和变化的时代，社会要求我们必须具备较强的应变能力和承受压力的能力。然而，令人叹息的是小学生的情绪健康往往被忽略了，至今尚未成为家长、教育工作者关注的重点。因此，作为21世纪的小学教师，必须加强对小学生的情绪管理与指导。

小学班主任首先要掌握班级学生的个性差异，特别是情绪上的差异；其次，由于情绪的发展与情绪的调控并不是同步的，情绪的调控能力则是必须经过学习和训练才能获得的，因此，小学班主任必须加强对影响小学生情绪的因素和小学生情绪的指导方法的学习；最后，班级是由个性迥异的不同个体组成的，班主任要加强对学生进行个别教育指导，特别是对情绪有问题的学生进行个别指导。

6. 班级日常生活管理

在日常生活中培养形成一个健全的人格比较容易。而在小学学习过程中，形成健全的人格就比较难，这或许是小学很少有闲暇时间来培养学生的健全人格导致的。学校对学生时间的过度占用使学生不再有闲暇的时光。学校这样做是有违常理的，学生对文化的吸收和传播并不单单是在学校完成的，在社会上即使闲暇生活中的培养也尤为重要。人们普遍认为，只要学好文化课，我们童年的任务就结束了，至于世界观、人生观、价值观，会在学习中逐渐形成。这种观点明显是错误的。我们应该从应试教育向素质教育迈进，第一步就是要解放孩子的天性，整日的学习、每时每刻的补习会将当今的孩子们压得喘不过来气。为实现素质教育，我们需要给孩子们一些空余的时间去自行支配，他们可以去游玩，可以与同龄人交谈、玩耍，在社会活动中，完善自己的人格。为了更好地实现素质教育，需要学生、学校、家庭三方的共同努力。闲暇时间的增多，一方面给班主任提出挑战（怎样面对教学时间缩短的现实，运用科学的教学方法，提高时间利用率，完成教学任务；如何指导学生珍惜时间，科学利用时间，发展兴趣特长；怎样引导学生在闲暇时间内正确认识社会，抵制社会上不良习气的侵袭）。另一方面闲暇时间增多也给班主任提供了新的契机。对于如何把握好这一契机，切实抓好小学生的闲暇时间教育，班主任应有一个清醒的认识，并有志于为此努力。

7. 班级教育力量管理

在班级管理中，班主任是班级的直接管理者，但并不是唯一的领导者和教育者。影响学生和班级发展的教育力量包括多个方面，主要有学校、家庭和社会等。因此，班级中存在着复杂的教育关系。各种教育力量互相作用，最终共同作用于学生身上并产生影响。能否正确对待各种教育力量以及之间的关系是决定班级管理成效的关键因素。

在各种教育力量中，学校是最直接的。学校有既定的教育计划和教育目标。在班级管理中，首先，班主任应该协调学校的各种教育力量，主要包括学校领导、各科任课教师和班级学生，把学校的教育目标和要求贯彻到自己的教育教学活动之中；其次，家庭是孩子的第一所学校，父母是孩子的第一任老师，班级管理者要做好家长工作，要和家长多沟通、交流学生情况，帮助家长端正教育子女的思想，明确培养目标；最后，社会的各种现象都会对孩子产生潜移默化的影响，因此，班级管理者要合理利用社会资源这种重要的教育力量。

8. 班主任专业发展

班主任专业化是教师专业化的特殊方面。班主任是教师中的特殊群体，班主任专业化是特殊教师群体的专业化。这是由班主任不同于一般教师的特殊性决定的。班主任的专业发展能为学生树立正确的榜样，并能在工作之中不断地反思和总结自己的理论，从理论上丰富自己，从实践中积累经验，从思想上不断完善；班主任的专业发展过程是将学生的生命与自己的生命紧紧联系在一起的过程，并且伴随每一位学生的成长，班主任的生命也将绽放出绚烂的光芒。班主任的专业发展，于国、于己、于可爱的学生皆是有益之举。

班主任的专业发展需要培养与学习。真正有效的教育是养成教育，即学生良好习惯的养成。班主任不仅要以培养学生良好的习惯作为自己的主要工作和最终目的，而且要在教育之中重视自我教育、自我培养。班主任专业需要提升，提升是指提高班主任自身的修养、品位和教育智慧，使教育凸显科学和实效，使学生全面发展。通过提升，不仅能有效地改进班主任的工作，而且能有效地提升班主任的反思意识，从而促进班主任的自我发展、自我超越。

二、小学班级管理

（一）小学班级管理的特点与误区

1. 小学班级管理的特点

（1）小学班级管理有班主任的指导作用

小学生是社会组织生活的初步学习者，对于学校中班级这一组织及其中的各种角色，以及他们在这一组织中的角色，都要学习。小学生获得的组织生活的印象、理解的组织生活中的各种角色，将会影响他们一生。可以说，小学生在小学组织中的生活经验是其一生过好社会组织生活的基础。因此，教会小学生学会班级组织的生活，对小学生来说十分重要。由于小学生年龄小，并且小学年级的不同，他们对于组织生活的熟悉程度也有所不同，因此特别需要班主任的指导。从某种程度上讲，教小学生学会过班级组织生活是小学班主任的主要任务。

（2）小学班级管理有年龄差异的特殊性

小学生在小学的六年是变化巨大的六年，他们从懵懂的孩子到初步具有自我意识的少年，年龄变化上的特征既强于幼儿园，也强于中学。从生理上讲，6岁儿童到12岁少年，生理上的变化非常明显，要注意儿童生理发展的差异；从心理上讲，小学生的认知主要从皮亚杰所说的"具体运算阶段"（思维上已具有可逆性和守恒性，但离不开具体事物的支持）到高年级开始进入"形式运算阶段"（能通过抽象的和表征的材料进行运算）；从道德发展方面上讲，小学生主要从柯尔伯格所说从前习俗水平向习俗水平过渡，即从"利己主义取向"（只按照行为后果是否带来需要的满足去判断行为的好坏）过渡到"好孩子取向"（寻求别人认可，认为好的行为就是使别人喜欢、被别人赞扬的行为）。

（3）小学班级管理注重行为的教育性功能管理

小学学习阶段是一个人学习行为规范的最重要时期，良好的行为习惯主要是在小学阶段养成的。小学班级管理要让小学生在班级生活中采取正确的行为方式，就必须首先让他们了解班级组织生活的方式，养成正确的生活方式。

也就是说，要对小学生进行正确的班级生活方式的教育。由于小学生的年龄不同，开展班级组织生活教育的内容和方式也不同。对于年龄小、自主性发展不够成熟的学生，班主任要加强行为的塑造与培养；对于年龄大、自主性发展比较成熟且熟悉班级组织生活的学生，班主任要注重引导学生进行自我教育。

2. 小学班级管理的误区

（1）观念上的误区

第一，认为小学班级管理就是教室管理。长期以来，很多人认为小学班级管理就是教室管理，也就是管理学生的常规与秩序。要求学生能遵守秩序，重礼貌，好好学习，按时做完功课，不作弊，不迟到早退，遵守校规校纪，尊敬师长，等等。所以，教室墙上都贴着"班级守则"与"班级公约"等。一旦学生的行为触犯了班规、校规时，教师就用一些包括带有体罚性质的办法来纠正学生的各种不良行为，并以此督促学生努力学习。

第二，认为小学班级管理就是教学管理。还有人认为小学班级管理就是教学管理，于是忙着"填鸭式"的知识传授，而忽视了品德教育，学生成了应试教育的奴隶。凡此种种，长此以往，严重影响了小学生的身心健康，不利于学生健全人格的培养，后果堪忧。这种片面的认识和简单的做法致使班级死气沉沉，学生缺少应有的朝气。

（2）方法上的误区

第一，威权式管理。此种管理深受"不打不成器""教不严，师之惰"等观念的影响，认为说教不切实际，必须代之以严厉管教与体罚，要求学生乖顺，并绝对服从与统一标准，这种观念虽然短时能起到一定效果，但一直受到许多专家、学者甚至一些家长的质疑。

第二，保姆式管理。长期以来，保姆式教育充斥着小学的班级管理，日常生活和管理事务都由教师包办，教师天天守在教室，亲自处理纪律、卫生、出勤等日常事务，这种包办式管理既害了学生，也害了教师自己；既扼杀了学生的灵性和创新精神，也抑制了教师的创新精神和科学管理的能力。

（二）小学班级管理的基本理念与原则

1. 小学班级管理的基本理念

《小学教师专业标准（试行）》是国家对合格的小学教师专业素质的基本要求，是小学教师开展教育教学活动的基本规范，是引领小学教师专业发展的基本准则，是小学教师工作的重要依据。小学班主任作为特殊的小学教师，必须根据小学教育改革发展的需要，严格遵守《小学教师专业标准（试行）》，充分发挥班主任工作对小学生的引领和导向作用。

（1）学生为本

以学生的发展为本，面向全体学生，尊重学生个性，启迪学生智慧，是教育的根本目的，是教育内涵发展的灵魂。教育要以学生的发展为根本，就要热爱生命，关爱生命，敬畏生命。反映在小学里，就是以小学生为本，尊重小学生权益，以小学生为主体，充分调动和发挥小学生的主动性；遵循小学生身心发展特点和教育教学规律，提供适合的教育，促进小学生生动活泼地学习、健康快乐地成长，也就是要让小学生发展成为身体健康、心理健全、意志坚韧、勇于担当、履行责任、宽容友善、协作包容、智慧豁达的人。

（2）德育为先

党的十八大报告首次把"立德树人"确立为教育的根本任务。立德树人，首先要摒弃知识至上、分数唯一的观念。德育是教育的灵魂，教育不仅仅是知识的教育，更应为生命奠基，成全每一个生命的灿烂，丰富每一位学生的精神家园。其次，要热爱小学教育事业，具有职业理想，践行社会主义核心价值体系，履行教师职业道德规范。再次，既要关爱小学生，尊重小学生人格，富有爱心、责任心、耐心和细心，还要为人师表，教书育人，自尊自律，做小学生健康成长的指导者和引路人。最后，要对学生有爱心，必须以一种宽容、理解和接纳的态度来认识与看待学生，从人性化的角度去理解、教育学生，用心的钥匙开启每一位学生心灵的大门，这样学生才会有腾飞的希望。

（3）能力为重

能力为重主要是指培养学生的学习能力、创造能力、实践能力、合作能力，其中创造能力和实践能力是素质教育的核心。能力为重要求教育不能满足于只是传授已有知识，而应当把重点放在提高学生的能力上。要优化学生的知识结构，丰富社会实践，强化能力培养，着力提高学生的学习能力、实践能力、创新能力。教育学生掌握知识技能，学会动手动脑，学会生存生活，学会做人做事。因此，班主任既要把学科知识、教育理论与教育实践相结合，突出教书育人的实践能力，也要研究小学生，遵循小学生的成长规律，提升教育教学专业化水平，坚持实践、反思、再实践、再反思，不断提高专业能力。

（4）终身学习

终身学习是21世纪要求的基本生存素质，教师必须不断强化自身，树立终身学习观念。终身学习应该成为现代教师的职业素养和习惯。教师要完成教书育人和为人类社会造福这一神圣的使命，就必须建立起动态的知识库和科学的知识结构，随时补充、更新、调整自己头脑中的知识体系，使自己的思想、观念和知识跟上科学发展的需要。因此，班主任既要学习先进的小学教育理论，了解国内外小学教育改革与发展的经验和做法，优化知识结构，提高文化素养，还要具有终身学习与持续发展的意识和能力，做终身学习的典范。总之，只有具备了运用知识和创新知识能力的人，才能在未来社会立于不败之地。

2. 小学班级管理的原则

（1）正面教育和启发诱导原则

这条原则指的是在班级管理中要坚持用科学的道理和正面的、先进的事例进行启发诱导，使学生的思想品德和行为习惯沿着正确的方向发展，让学生明辨是非。

坚持正面教育和启发诱导原则主要有两个方面的依据：第一个依据是学生认知和品德发展的规律。一般来说，小学阶段的学生的评价能力还相对落后，认知发展也不成熟，道德判断能力相对不完善。他们的模仿能力强、可塑性大，喜欢接受新鲜事物。这就决定了班级管理者一定要通过正面的教育和启发诱导，帮助学生分辨是非，并且能够初步领悟评价善恶是非的标准。第二个依据是教育的性质，决定了班级管理中要采取正面教育、耐心说服、循循善诱的方法，而不能实行粗暴、强制、压服的方法。

（2）尊重与平等对待学生的原则

这条原则指的是班级管理者在教育过程中，要尊重学生的心理需求，要把学生看成一个自由、独立、完整的有独特天性、独立人格和尊严的人，并以此为前提接纳、理解他们，宽容地对待他们。

第一，坚持尊重学生。尊重是人的正常需要，尊重人、尊重个性就是尊重创造力，尊重社会生活和社会文化的多样性。班级管理者要做到以下几点：一是尊重学生的心灵。每名教师都应该做到尊重学生的兴趣、爱好，尊重学生的情绪和情感，尊重学生的个性差异，尊重学生的抱负和志向，尊重学生的选择和判断，尊重学生的个人意愿。二是尊重全体学生。教师不仅应该尊重优秀的学生和一般的学生，而且应该尊重智力发育迟缓的学生，尊重被孤立、被拒绝的学生，尊重有过错的学生，尊重有严重缺点和缺陷的学生，尊重和教师意见不一致的学生。三是尊重学生的人格和隐私。

第二，坚持平等地对待学生。平等对待学生要求班级管理者与学生建立和谐的、朋友式的新型师生关系。平等地对待学生，要注重与学生交流沟通的方式，做学生人生路上的良师益友。我国的教育改革十分重视建立师生之间民主平等的关系。平等对待学生要求：一是平等对待不同类型的学生，即平等地对待智力和能力不同的学生，平等对待学习成绩不同的学生，平等对待男生和女生，平等对待个性特点不同的学生，平等对待不同家庭背景的学生，平等对待自己偏爱和不偏爱的学生。二是给予所有学生平等的机会，即给予所有学生担任班干部的机会，给予所有学生进行各种选拔、安排座位、上课提问的机会以及处理学生矛盾冲突时平等。三是平等地评价学生，即在公布成绩时平等（就是鼓励学生平等竞争，不特别表扬那些排在前面的学生，也不批评排在后面的学生，鼓励每个人自己和自己进行纵向比较），在评价学生时平等（不以成败论英雄，也不把学习成绩作为衡量学生的唯一指标，肯定每位学生身上的"闪光点"）。

（3）纪律约束与自主管理相结合的原则

这条原则指的是班级管理者一方面要使用校规校纪对学生的行为进行约束；另一方面也要发挥学生的主观能动性，让学生参与到对自己的管理中。

在班级管理中，之所以要使用纪律约束学生的行为，主要是由儿童道德发展的规律决定的。心理学家皮亚杰根据观察验证的结果得出的结论是，儿童的道德发展大致分为两个阶段：在10岁以前，儿童对道德行为的思维判断，多半是根据别人设定的外在标准，称为他律道德。10岁以上儿童对道德行为的思维判断，则多半能根据自己认可的内在标准，称为自律道德。因此，对于处在他律道德阶段的儿童来说，假如没有明确的行为规范去约束，而是任其自由发展，他们可能会无所适从。纪律的作用在于给学生提供了一个行为的参照，让他们以遵守纪律的形式学习到行为正确与否的判断标准。所以，以纪律约束是为了保证学生正确的成长方向，有利于培养学生的规则意识。同时，随着年龄的增加和知识经验的积累，学生的道德发展会向自律道德阶段过渡。此时，学生会逐渐用自己认可的内在标准去指导自己的行为，学生的自主意识也逐渐增强。

（4）年龄适应与因材施教相统一的原则

这条原则指的是班级管理者要懂得儿童的发展规律，充分了解和熟悉教育对象，教育教学活动要符合学生的年龄特征，同时也要区分学生的个别差异，做到因材施教。

要想教育学生，必先了解学生。俄国教育家乌申斯基说过："如果教育学希望从一切方面教育人，那么它就必须从一切方面去了解人。"苏霍姆林斯基说过："不了解孩子——不了解他的智力发展，他的思维、兴趣、爱好、才能、禀赋、倾向——就谈不上教育。"因此，班级管理者首先要懂得心理学的相关知识，了解不同年龄段儿童的心理发展特点，并以此为基础去深入了解每一位学生。这是进行教育的基础，也是尊重学生的表现。心理学研究表明，儿童的认知发展、人格发展、道德发展会随着年龄变化而呈现出不同的特征，儿童的这些心理特征与成年人有着本质的不同，所以，班级管理者要以心理学的知识作为基础，结合自己的观察，尊重孩子的特征，设身处地地从孩子的角度去考虑问题。切忌把孩子看成小大人，不切实际地要求他们以成年人的方式去活动。

班级管理的对象是学生，要想实现班级管理的目标，班级管理者必须首先了解学生的心理特征。心理学研究表明，儿童的认知、道德、人格的发展都是有其规律性的，每个年龄段的学生都有其独特的心理特征。学校教育正是基于年龄相似的儿童心理特征相似的特点而采取的集体教育的形式。因此，班级管理工作要从学生的心理发展特点出发，选取适合学生年龄特征的内容，采取适合学生年龄特征的方式进行教育。总之，贯彻这条原则，班级管理者要了解学生心理发展的规律，要深入了解学生的实际情况，使自己的教育教学活动符合学生的年龄特征，同时还要尊重学生的个别差异，做到因材施教。

（5）教育一致性原则

这条原则指的是班级管理的各种力量要在认识上、方向上和行动上密切配合，协调一致。

教育是一项复杂的系统工程，是科学也是艺术。班主任并非班级管理的唯一力量，学生家长、任课教师、社会都对学生发展和班级管理起着不可低估的作用。因此，各种教育力量都负有加强和改进教育的责任。各种教育力量都会对教育产生影响，这种影响是否一致则是决定教育效果优劣的关键所在。一些人认为教育就是学校的事情，但是假如没有学生家长、社会力量的配合，学校进行的各种教育所产生的效果则很难迁移到校外的情境中，甚至会相互抵消。家庭、社会的影响与学校不一致、相冲突，不仅会降低学校教育的效果、抵消学校教育的作用，还会增加学生接受教育的难度，让学生无所适从。

贯彻教育一致性的原则，要求各方面教育力量首先要负起责任，另外要互相沟通，密切配合。学校特别是班级管理者要做好沟通和协调的工作，争取家长以及社会力量的配合，也要多给予家长、社会力量相应的指导意见。家长要配合学校的教育工作，成为学校教育的助手。各种社会力量要加强自身的责任感，让自己的行为有利于年青一代的成长和发展。

（三）小学班级管理的方法

1. 坚持正面诱导的方法

（1）说服教育

在小学班级管理过程中，对小学生要采取正面诱导的方法，即既要正面说服教育，又要启发诱导。这要求班级管理者在工作中注意以下要点：第一，在教育小学生懂得是与非、好与坏的过程中，着眼点应放在什么是对的、好的，为什么对、为什么好，怎样做才是对和好上；第二，在引导学生学习正确的思想道德行为时，要坚持摆事实、讲道理，主要是说服教育、正面示范，而不能强制压服、简单说教。

（2）表扬激励

在小学日常教育中，要坚持以表扬为主、批评为辅，要发现学生的优点，鼓励学生积极向上，努力进步。通过奖励可以强化小学生的纪律习惯。因此，班级管理者要合理使用激励机制，促进班级的管理。表扬，能促使学生把一时的进步变为永恒的行为；情感激励，走进学生的情感世界，与学生的情感零距离接触，引导学生积极参与班级建设。例如，可采取小组竞争的激励机制调动全班同学的积极性，也可指导学生为自己确定目标，达到目标后给予奖励的激励等。

2. 自我管理的方法

（1）目标激励

目标具有激励的作用。让学生养成自我管理、自我约束的能力和习惯离不开目标激励。班级管理目标一般分为长期目标、中期目标和近期目标。一个好的班级常规管理目标自始至终都具有良好的激励作用。班级自主管理不限于纪律、卫生、劳动等方面，促进学生学习能力的提高也是重要目标。因此要依据学校的教育目标和班级具体情况来制定班级的管理目标，以此来培养小学生自主管理的能力，增进小学生的民主意识，培养小学生独立处理问题的能力。

（2）活动塑造

教是为了不教，管是为了不管。班级管理者要通过设计活动来培养学生自主管理的能力，要注意帮助学生挖掘自身的潜在能力，结合学生学习和生活的实际，提高学生自我教育的能力。要让小学生在活动中体验到自己的能力，从而增强其班级管理的自主意识和自我管理的动机。

3. 集体教育的方法

（1）集体活动

集体活动是小学班级管理的一种重要方法。在学校进行的集体教育中，班集体的形成往往存在许多偶然因素。班级成员在家庭背景、智力水平、学习基础上会存在一定的个别差异，但成员在年龄上相似，这会导致其成员成长背景相近、发展程度相近，这为学校进行集体教育提供了可能性。学生通过参与集体活动，懂得了竞争与团结的关系，明白了荣誉与付出的关系。

（2）个别帮教

小学班级中的学生年龄相似，但个别差异极大，学生之间的个别差异主要有两个方面：智力因素个别差异和非智力因素个别差异。智力因素个别差异体现在智力的发展水平和智力结构两个方面。非智力因素个别差异体现在认知风格、学习风格和人格等方面。每位学生都有自己的特殊情况。由于各种因素共同影响，进入学校的学生大致可以分为三类：教育的学生、缺教育的学生和反教育的学生。因此，在班级管理中，作为班级管理者，在坚持有教无类原则的前提下，必须正视学生的个别差异，要根据每位学生的具体情况采取相应的教育方法，进行个别指导，做到因材施教。

4. 习惯培养的方法

（1）纪律约束

在小学班级管理过程中，可以通过建立科学合理的班级日常管理规范，来培养学生养成良好习惯。班级管理者要首先加强对制度规范的宣传与讲解，让学生明确纪律，如校规校纪、班规班纪，让学生知道什么样的行为是提倡的，什么样的行为是禁止的。在学生遵守纪律时要给予及时的表扬和鼓励，以强化正确的行为，在学生违反纪律时也要及时进行惩罚。但是鉴于惩罚这一措施存在负面效果，所以，在惩罚时要尊重学生，不体罚学生，就事论事，要让学生明白为何受到惩罚，不能歧视学生。

（2）自律约束

班主任要从小事、细微处着手，积极开展行为规范教育，激发学生的自律意识。但在使用行为规范约束的同时，班级管理者要注意激发学生的自主意识，因为学生的自主意识是班级自主管理的前提。因此，班级管理者要适时放手，鼓励学生集体决定班级重大事情，培养他们的主人翁精神。

5. 沟通协商的方法

（1）平等协商

人是生而独立的，谁也不附属于谁，师生间亦是如此。因此，小学班级管理者要从"师道尊严"的权威中解脱出来，俯下身子去聆听学生的心声，同学生平等地协商班级事务。即班主任要转变角色，从班级的绝对统治者转变为参与者，从决定学生应该做什么、学什么的主宰者转变为与学生合作的伙伴。简言之，只有尊重学生，同学生平等协商班级的一切事务，让学生真正成为班级的主人，班集体才得以建立。

（2）情感沟通

现代教育理论告诉我们：只有在师生间情感交流、心灵沟通的氛围下，学生才能够自由表达自己的意愿，才会更加积极地参与到班级管理活动之中。班级管理者不能因为学生年纪小、不成熟，就忽略他们的个人意愿和心理需求。只有在充分与学生进行沟通的前提下，才能去教育学生，才能激发学生的创造性，激发学生内在的管理动机，发挥学生在班级管理中的主观能动性。

第二节 小学班主任

一、班主任专业化概述

（一）班主任专业化

现代教育的发展，使得教育活动越来越复杂，对教育人员专业性的要求越来越高，突出地表现在教师专业化已经成为世界教育改革的共同举措。随着教师专业化从文本走向现实，承担着学生思想道德教育的重任、全面关怀学生精神发展的班主任专业化也逐渐走上教育改革的舞台。

1. 班主任专业化的发展

（1）班主任专业化的提出

班主任专业化是随着教师专业化发展起来的，随着教师专业化地位的巩固，班主任专业化也开始提上了议事日程。班主任专业化即班主任通过学习、培训、实践、反思以不断提高班主任专业水平的过程，至此，人们已经越来越习惯将"专业"这个词与班主任紧密相连。

（2）班主任专业化发展

班主任专业化问题不是一般的教师专业化问题，而是一种特殊的教师专业化问题，班主任专业化有一定的目标、要求和内容，也是班主任持续发展的过程。把班主任由教书的"副业"变为育人的"主业"，而实现班主任从"副业"变"主业"的必由之路，那就是班主任专业化。在党和国家对班主任工作日益关注的背景下，班主任专业化发展的脚步从未停止，全国各地也进行了班主任专业化的试点研究。教育部确立了"提升班主任工作专业水平，促进班主任队伍专业发展"的思路。

（3）班主任专业化的确立

教育部颁发了《中小学班主任工作规定》（以下简称《规定》），《规定》的颁发，引起了全社会的广泛关注和热议。《规定》的颁发不但是班主任工作适应时代发展的需要，更是班主任专业化发展进程中的里程碑。此后，一系列关于班主任专业实践与各种促进班主任专业发展的专业教育活动，就成为我国班主任队伍专业化建设的重要探索。

2. 班主任专业化的内涵

（1）班主任专业化是教师岗位的专业化

班主任是拥有特殊身份的教师，过去班主任一直都是由任课教师担任的，但是目前，由于教育部门越来越重视班级教育的重要性，所以班主任岗位向专业化发展也是大势所趋。班主任的地位不言而喻，班主任的功能就是对班级进行组织和管理，如果班主任仍旧由任课教师担任的话，很容易出现教学、管理两头忙不过来的情景。所以班主任专业化必然在未来与教师专业化划在同一位置上。虽然专业化的班主任不进行课程教学，但是他的作用却与教学教师不相上下。班主任专业化主要是为了更好地培养班级内学生的组织凝聚力。班主任专业化，他就可以有时间针对班级每一位学生进行人格上的培养，这对班级内的学生是百利而无一害的。

（2）班主任专业化是班主任作为主业的体现

班主任是小学的重要岗位，从事班主任工作是小学教师的重要职责。班主任工作是班主任的主业的规定可以说是给千千万万中国班主任"正名"，从国家的角度强调了班主任是引领学生成长的专业人员，具有历史意义地将班主任作为一个专业确定下来。由"副业"到"主业"的质变，吹响了班主任专业化的号角。

（3）班主任专业化的核心是精神关怀

班主任的主要作用是对班级内学生进行管理，促进班级内学生全面发展。专业化班主任的出现开始把教书育人分为两个方向，任课教师主要承担的是传授知识的责任，班主任主要承担的是育人的职责。育人是班主任工作的核心。班主任专业化更要求把控班主任的品行，因为班主任的影响足以辐射学生的一生。班主任应该以人为本，以心育心，对学生要有包容的态度。

（二）班主任专业化的特点与要求

1. 班主任专业化的特点

（1）教育性

班主任是学校指派的负责管理组织班级的教师，是班级与学校连接的纽带，班主任与任课教师之间既是有联系的又是有区别的。联系在于他们都是具有高学历文化的毕业生，目的都是为国家教育做贡献；区别在于他们的分工不同，任课教师主要做的是知识的传递，而班主任主要负责的是班级的组织活动以及学生的身心健康发展，显而易见，班主任对学生的影响更大，肩负着更繁重的教育国家栋梁的职责。

（2）自主性

班主任在自己的班级内是有绝对的自主权的，他们会根据自己的规划来发展自己带领的班级，他们会凭借自己的专业素养来提升班级的组织力与凝聚力。班主任的权力和任务得到了空前的提高，这也就是目前不再提倡任课教师担任班主任的原因。班主任带领班级的发展是从自身能力出发的，表现出的个人特征和主人翁意识极其明显。

（3）实践性

由于目前班主任专业化刚刚兴起，所以班主任专业的发展是需要一步步进行探索得到的。班主任在带领班级期间，通过社会实践不断发现问题并解决问题，积累班主任经验，在不断带领班级前行的过程中形成一套属于自己风格的理论体系。班主任是依靠学生生存的，所以班主任的工作无法脱离自己的班级，无法脱离自己的学生。专业的班主任会有较强的领导能力和组织能力。总而言之，班主任带领班级进行社会实践，不仅锻炼了班级学生的凝聚力，还锻炼了班主任本身的能力。

（4）活动性

所谓活动性，突出了班主任专业发展是在各种教育活动中不断形成、展现和提升的。教育历来不是孤立的，而是人与人的对话和交往。就班主任的专业发展而言，它直接依赖于多种活动体验所搭建的互动与交往的学习情境，直接依赖于在教育活动过程中的不断感悟与反思。也就是说，班主任专业发展更多的是在诸多活动中体现出来的，也是在活动中形成和提升的。这里的活动不仅是指教师指导和教育学生的活动，也包括面向班主任的各种培训，班主任的专业智慧也是在各种体验、感受中不断构建的。

2. 班主任专业化的要求

班主任专业化的要求和内容包括以下几个方面。

（1）人性化的专业态度

《中小学班主任工作规定》指出，班主任要努力成为小学生的人生导师，人生的导师说起来容易，做起来难。这要求班主任除了必需的专业素养外，还需要对生活充满热爱，对现实时刻保持清醒的头脑。班主任需要有好的脾气，面对班级学生的成绩等因素可以冷静对待。作为班主任，对待自己的学生要一视同仁，无论家里是贫穷还是富有，无论成绩是优异还是不理想，都不能改变班主任心系班级的胸怀。因此，班主任的专业态度应是一种理性的激情，以一种理性的激情来面对工作中的问题和挑战。这种理性的激情表现如下。

第一，关心。关心是作为一名班主任必须要拥有的品质，关心班集体，关心自己的学生。

第二，理解。理解的层次有很多，理解任课教师的难处，理解自身的职业，理解学生之间的差异。理解学生就要走进学生的内心。班主任要学会站在学生的角度思考问题，这样才能走进学生的心灵，懂得学生，也可以拉近自己与学生之间的距离。

第三，尊重。尊重不仅仅是一个班主任应该拥有的品质，更是我们每一个人都应该拥有的品质。班主任的尊重，主要是尊重学生的思想、情感，尊重生命的真谛，尊重学生的人格。只有班主任尊重学生，学生才会反过来爱戴班主任。班主任要尊重所有学生，包括学习困难、有弱点的学生。

第四，信任。每个人的心理世界都有光明的、积极的一面，要相信每位学生都有优点、长处，相信每位学生都有积极进取的愿望。教育人类学指明人是具有"明天性"的，儿童和青少年尤其是这样，他们总是希望认识新的事物，获得新的知识，向往新的学年的到来，他们是创造未来的生命体。班主任应该相信自己的学生有渴望新知、天天向上的要求，这是处理好师生关系，教育好学生，促进学生发展不可或缺的条件。

（2）研究型的专业思维

专业化班主任有自己独特的思维方式，也就是说，专业化班主任和普通班主任最本质的区别，并不是教育技巧的高下，而是思维方式的差异。普通班主任遇到问题通常想的是怎么办，他们总是眼睛向外，渴望专家、同行或领导能够指点迷津，能够给出具体的策略，就是在学习优秀班主任时也总模仿别人的具体策略；而专业化班主任则完全相反，遇到问题时他们通常想的是为什么，他们将眼睛向内，观察和分析问题可能产生的原因，制订针对性的方案，然后逐一去验证，在实践中反复调整，最终依靠自己的力量解决问题。

（3）教育管理化的专业能力

选聘班主任应当在教师任职条件的基础上突出考查三个条件，其中之一是"爱岗敬业"，具有较强的教育引导和组织管理能力。由此可见，班主任专业能力中最核心的依然是教育能力，因为班主任最终的角色定位是管理型的教育者。一方面，管理是手段，管理的目的是教育，是为了更好地促进学生发展；另一方面，是否具备班级管理能力，却是班主任和学科教师之间最重要的区别。管理更多地面向集体，教育更多地面向个体；管理更多地规范行为，教育更多地引领思想。所以管理能力和教育能力是班主任不可或缺的专业能力。这里包括研究学生的能力、制定班级发展规划的能力、建章立制的能力、识人用人的能力、组织活动的能力、协调人际关系（家校、师生）的能力、自我提升和发展所需要的反思与科研能力等。

（4）复合型的专业知识

基本完备的知识体系和合理的知识结构是班主任做好工作的力量源泉。班主任必须具备扎实的学科专业知识，必备的德育、教育学、心理学和班级管理方面的知识，基本的网络和教育科研知识，丰富的自然、社会、文学等方面的常识。班主任首先要上好自己的专业课，这是教师的立足之本，也是班主任任职的先决条件。同时，班主任应不断适应教育和社会发展的需要，努力学习新理论，丰富和完善自我，做一名终身学习的学习型教师。

（三）班主任专业化的意义

1.班主任专业化是素质教育发展的需要

（1）班主任专业化是现实观念改革的迫切需要

长期以来，受班主任工作"人人能为"思想观念的影响，人们认为只要是教师就能当班主任，只要是教师就得当班主任，把当班主任的年限作为职称晋升的条件之一，因此有相当一部分教师当班主任是为了晋升职称，而不是真正从培养人的高度去考虑当班主任的，导致有些班主任对工作缺乏事业心、责任心，只求平安无事，不去开拓创新；有些教师虽然愿意当班主任，但只有做好班级工作的朴素感情和良好愿望，而缺乏当好班主任所应具备的理论、技能和艺术，不会管理班级、组织活动，班级缺少应有的生机和活力，给学生的健康成长和全面发展带来了一定的消极影响。事实表明，班主任工作不是人人都能担任的，更不是人人都能胜任的。班主任专业化是现实的迫切需要。

（2）促进学生在全面发展基础上的个性发展的需要

在全面发展基础上的个性发展是素质教育追求的目标，也准确地体现了素质教育的要求，即以德育为核心，培养学生的创新精神和实践能力。班主任工作是一项复杂的专业劳动，班主任是专业工作者，这种认识已经被越来越多的人所接受，党和国家也把推动班主任专业化发展作为实施素质教育、不断提高教育教学质量的战略措施。班主任的专业素质越高，学生素质提高的速度就会越快。班主任不仅要通过自己的教学工作体现教书育人，通过自己对班级的组织管理体现管理育人，还要在为学生发展服务中体现服务育人。

2. 班主任专业化是教师、教育发展的需要

（1）班主任专业化是教育本身的要求

在实行班级授课制的今天，教师之间存在着学科分工，学科教师主要通过学科教学影响学生某一方面的知识水平、能力的发展。但班主任不是这样，班主任对学生的全面发展负责，对学生的影响也是全面的。所以，一名不合格的教师影响的只是学生的某一学科，但一位不合格的班主任却全面影响学生。班主任对学生影响的全面性和复杂性，要求班主任必须成为专业化的教育工作者。班主任的专业素质越高，越有利于学生素质的全面提升。

（2）班主任专业化是教师专业化发展的必然要求

教师专业化是世界教师教育发展的潮流和趋势。国际劳工组织和联合国教科文组织颁布的《关于教师地位的建议》就提出："应把教育工作视为专门的职业。"《中华人民共和国教师法》规定"国家实行教师资格制度"，经国家教师资格考试合格者，取得教师资格。

3. 班主任专业化是提高班级管理水平的需要

（1）有利于提高班主任的社会地位和学术地位

班主任的社会地位和学术地位的提高，尽管与党和国家的重视以及社会、家庭的信赖有关，但是仅靠改善待遇和提高声誉是远远不够的。班主任只有自已行动起来，努力提高专业知识水平和专业能力，使自己从经验型的班主任向研究型的班主任发展，使自己的专业成熟程度不断提高，真正成为训练有素的、不可替代的角色，才能从根本上改变班主任的职业形象，提高班主任的社会地位和学术地位，使班主任成为令人尊敬和羡慕的职业。

（2）有利于尽快提高班级德育和班集体建设的水平

影响班级德育和班集体建设水平的因素很多，其中班主任工作是班集体建设的关键因素。班级德育和班集体建设是一项极其复杂、专业性很强的工作，不仅需要先进的教育观念的引导和班主任人格力量的支撑，更需要班主任的教育智慧和专业能力。

二、班主任专业发展

（一）小学班主任专业理念

1."管理育人"的理念

相信班级管理与教育并不冲突，相信能够在班级管理中促进学生的发展；提升学生的生命质量，让学生感受生活的幸福；立志做一名教育型的管理者。这一信念决定着班主任工作追求的目标和达到的境界，它是班主任专业发展的基础。管理育人与教书育人并列，是一种公认的说法。它与"新基础教育"提倡的"生命教育"和班级建设中的"教育学立场"相通。

2."学生为本"的理念

要真正做到以学生为本，就要给予学生自由、自主学习的时间与空间。要让他们学会自由、自主地发展自己的思想，形成自己的个性。因此，班主任要在工作中树立一切为了学生，把学生利益摆在第一位，全心全意为学生服务的职业信念。这是以人为本的科学发展观对班级管理的要求，也是众多优秀班主任坚守的理念。

3."民主管理"的理念

肯定民主管理的正当性，并在班级管理中坚持民主管理。魏书生老师视民主管理为班主任工作最基本的两项原则之一，"民主就是大家的事大家商量，班级怎么管？知识怎样教？能力怎样练？作业怎样留？班会怎样开？都和同学们商量"。没有民主，便没有创造；没有民主的教育，便没有民主的未来。坚持民主管理，不仅是因为民主管理有效，还因为它是未来成人社会民主政治的预演，培养了学生的民主意识和能力。

4."自主管理"的理念

班主任要变教师保姆式管理为学生自主式管理，变班级管理一手抓为学生、全员多手抓。班主任要相信学生的潜能，学生能做的事，尽可能让学生去做，这不仅有助于管理班级，还可以锻炼学生的能力。这也就是魏书生老师讲的"班级的事，事事有人干；班级的人，人人有事干"。

5."精神关怀"的理念

班主任专业化的主要倡导者和研究者班华教授认为，班主任最根本的教育理念、最重要的教育品质就是对学生的精神关怀。精神关怀主要是关怀学生的心理生活、道德情操、审美情趣等方面的成长与发展，即关心他们的精神生活质量和精神成长。精神关怀最基本的表现是关心、理解、尊重、信任学生，学会精神关怀是班主任专业化的必然要求。

（二）小学班主任专业知识的拓展

班主任专业知识是指班主任的以"精神关怀"为核心的专业理论体系和经验系统，是班主任专业发展的主要内容。班主任只有构建了合理而完善的知识结构，才能锻炼出过硬的育人本领，为搞好班级工作打下坚实的基础。

1.对专业理论知识的学习

班主任作为知识的传播者和学习知识的引导者，不仅应该拥有深厚的学科知识，还应该具备相关的班主任专业知识，尤其是教育学、心理学、管理学等专业知识，更是班主任专业化不可或缺的。也就是说，教育学、管理学和心理学这三类知识是班主任工作的学科基础。毫无疑义，教育学是基础。

2.对实践知识的探究

班主任的实践性知识是由班主任在实践中反思和总结出来的知识，是班主任专业发展的主要知识基础，在班主任工作中发挥着不可替代的作用。这类知识极为丰富，也最有价值，是班主任专业知识的主体。

实践知识的来源有以下几种。

第一，学习各种著作、论文和各种讲演。近年来，随着班主任工作越来越受重视和班主任培训的开展，一线优秀班主任纷纷著书立说。这类知识来自实践，贴近实际，最受班主任的欢迎。

第二，学习其他班主任的日常经验。班主任的日常实践具有明显的情境性特点，需要班主任在毫无准备的状态下对课堂事件进行低调判断和果断决策。学习其他班主任的日常经验，能帮助班主任在面临教学情境中的特定问题时，运用科学方法，探求问题的可能成因，以了解问题的真相，并且进一步研究解决的策略和采取合适的行动。

第三，学习人文和科学知识。人文知识、科学知识是通用知识，是现代社会成员都应当掌握的知识，它们广博，漫无边际，似乎不能称作专业知识，但它们确实是班主任专业发展所需要的。班主任专业发展建立在广博深厚的人文、科学知识基础之上，这正是它的魅力所在，也是难度所在。

（三）小学班主任专业能力的发展

和其他任课教师相比，班主任主要是依托班级开展工作，有效地解决班级教育工作中的班级目标、班级管理、班级文化、班级活动、班级教育合力、学生发展评价等问题，要建立正常的班级秩序，形成良好的班集体，顺利完成育人的工作任务。

（四）班主任专业态度与人格

班主任的专业态度与人格是指班主任对班主任工作出于自我实现需要的热爱程度和积极性。它是班主任专业发展的内在动力，也制约着班主任的专业发展。

1. 班主任专业态度的形成

班主任的专业态度是班主任专业发展的核心构成内容之一，是完成班主任工作的保障。

2. 班主任的专业人格

"为人师表"是社会对教师的基本要求，也是教师的基本素养。作为班主任，应该成为学生的楷模，这样的班主任才能成为学生的"灵魂工程师"。因此，班主任要有良好的人格特质。

三、小学班主任专业发展的途径

（一）终身学习

没有终身学习的教师，就不会有终身学习的学生，也就不会形成一个学习化班级。班主任作为特殊的教师，必须是终身学习的典范。终身学习是教师作为职业人的生存保障，更是班主任职业岗位生存的保障，因此，班主任需要具备终身学习的意愿与动力。

1. 自主学习

当代优秀班主任成长过程的研究普遍表明，优秀的班主任本身就是一个个成功的学习者，他们都具有很强的学习能力和自觉学习、思考的习惯，他们会向书本学习，向专家学习，向身边的同事、同行学习，也会在班级管理过程中向自己的学生学习。总之，班主任会随时随地通过各种途径学习。

（1）通过自主学习，促进专业发展

班主任专业发展需要班主任自主学习和正确地自我觉察。作为现代的小学班主任，首先应该是一个具有终身学习意识和能力的人。"终身学习"的观念，不仅要求班主任个性化自主学习，也要在集体中学习；不仅要狠抓读书学习，也要在实践活动中交流学习。在自主学习中，班主任既能对自己的能力、教育变革需求、工作环境以及各类限制有清晰的认识；也能学会与自己对话，通过独处、日记、散步、冥想等方式保持精神上的独立、思维的活跃和专业的敏感性。这种学习既是班主任专业自觉的基础，也是专业发展的前提。总之，要在学习中不断更新班主任的知识结构，为其专业化成长奠定知识基础，并且提高他们的人文知识素养和专业能力，将班主任专业化水平提高到一个新的层次。

（2）通过阅读学习，促进专业发展

现代教育理论发展较快，只有不断汲取新营养，拓展新视野，才能具有对自我教育过程进行反思的理论基础。有了知识的不断更新，才会有充实的头脑，才会产生反思的动机和要求。作为班主任，要不断学习，阅读与班主任工作有关的刊物，如《班主任之友》《小学教师培训》《教师继续教育》等，特别是《班主任之友》，它是班主任工作的航标。要研究班主任工作的理论与实践，有选择地汲取营养，对照范例，反思自己的教育行为。仅仅靠经验，不学习新理论，不了解别人的先进经验，只会当那种"坐井观天"、教育效果差而自我感觉良好的班主任，是不受学校、学生和家长欢迎的。简言之，班主任应通过阅读研究，促进专业发展。

（3）通过培训进修学习，促进专业发展

班主任是一个专业技术岗位，必须依赖于不断进修与提高来适应社会的变化、教育的革新以及终身学习的迫切要求。目前，我国已有专门的班主任专业培养培训制度，如《中小学班主任工作规定》中对于班主任培养培训的明确规定，给广大班主任指出了专业成长发展之路。

2. 合作学习

合作是班主任实现专业化成长、达到互利双赢的有效方法。合作是两个或两个以上的活动主体平等地、直接地互动交流，他们之间有共同的工作目标，有大致相似的困惑或问题，有许多共同语言。这种合作形式是自主的、自由的，活动主体相互之间既可以通过互通各自班集体工作的情况和遇到的问题、困惑，交流解决问题的方法；还可以互相观摩，交换意见，或针对某个实践或理论问题相互探讨、切磋。可见，合作学习是获得帮助的有效途径。班主任如果善于寻求专业支持，就可以大大缩短专业成长需要的时间，并为自己拓宽视野和发展空间。

3. 实践学习

精心组织班主任专业活动是提高班主任专业素养、发展班主任专业技能的重要途径和常规性做法。班主任专业活动是以提高班主任专业化水平为主题、以如何履行班主任职责为内容、以学术性和同伴互动为特征的活动。这类活动一般都主题鲜明，从而成为班主任实现专业化的舞台。

（二）专业反思

反思是班主任专业化的关键。班主任专业化需要个体在反思中提升。反思对于教师和班主任的专业成长具有重要意义。

1. 反思的方法

（1）通过写教后感反思，促进专业发展

反思是教师以自己的教学活动为思考对象，对自己的行为、决策以及由此所产生的结果进行审视和分析的过程，是一种通过提高参与者的自我觉察水平来促进能力发展的途径。班主任要让反思成为一种习惯。在反思中，更清醒地认识自己，在塑造学生美好心灵的同时，完成自身的发展、心灵的净化、境界的升华。因此，班主任要坚持写教后感，重新构建教育实践过程，总结教育得失。

（2）通过集体反思，促进专业发展

如果能与同事进行经常性、实质性的磋商，坦然暴露问题，共享反思，班主任之间便能相互促进、共同提高。一个真正有效的反思集体，应该在整个教育进程中不断地发现问题，不断地探索性解决问题。因此，班主任应大胆主动地开放自己的教育过程，以获得过程性评价。过程性评价的价值远远大于根据某一标准做出的终结性评价。

（3）通过对典型案例的反思，促进专业发展

班务工作由具体事例组成，班主任工作能力是在处理教育工作的具体事例中逐步提高的，处理小事可以反映班主任的日常工作能力，处理突发事例可反映班主任的应变能力，班主任可以通过剖析典型案例积累经验。

2. 反思的内容

班主任不仅要做学生的"经师"，更要做学生的"人师"。班主任反思的内容如下。

（1）反思班主任自身的表率作用

学生是教师的"缩影"。许多教师要求学生好好学习，自己却不求上进，不学习新知识、新理论，仅仅满足于完成教学任务，根本起不了表率作用。

（2）反思教育方法

随着信息化速度的加快，学生自我意识在增强，学生普遍反感老师在公开场合批评自己。因此，班主任的批评要讲究艺术，公开场合宜点现象，不宜点人，否则不仅解决不了问题，反而会损害学生的自尊心，使学生产生逆反心理。

（3）反思教育公平

学生渴望班主任能公开、公正地处理每一件事，随着学生年龄的增长，这种意识逐渐增强。而实际上班主任真正做到这一点很难，这就要求班主任在实际的管理中要做好反思。

（4）反思管理是否与时俱进

班级管理要与时俱进，在总制度基本不变的情况下，适时调整，使后进生有进步的希望。实践证明，执行班务制度与时俱进，可以使班级管理效果明显提高，违纪行为明显减少。

（三）班级问题研究

"教师是科研人员"这个命题已经为人们所普遍接受，教师是实践者，也是研究者。研究是一种互动过程，问题获得解决，教师的专业也随之成长。班主任开展研究的意义，并不只在管理工作本身，同时也在班主任自身。每一位班主任要成为一个优秀的班级管理者，就必须使自己的专业水平不断提高。在

教育领域中教育者的成长，包括班主任的成长，都必须在实践中完成，而这种成长的条件就是研究。因此，对于班级管理者来说，研究即成长。

1. 深入开展教育科学研究，发展专业能力

目前，任课教师开展教育科学研究较多，而班主任开展教育科学较少，这是班主任工作的盲区。不研究、不反思是工作能力差的班主任的通病。因此，班主任要想快速成长，必须自觉开展教育科研，只要能持久开展教育科研，就一定会产生反思能力，在反思—科研—实践—反思—科研—实践的循环中，班主任的专业能力会逐渐提高。这种以研究为基础的专业成长，需要掌握基本的方法论和具体的研究方法，但从根本上来说，要能熟练地开展研究，唯一的方法就是实践，要在实践中掌握具体的研究技能，知道研究问题是如何被确定的，如何收集资料，研究的程序是怎样的，如何撰写研究报告等。

（1）班主任研究的定位

一名小学班主任，作为小学班级管理者，其开展的研究工作与理论工作者的研究是不同的。小学班级管理者开展的研究，定位于本班管理实践问题的解决。

（2）研究课题的选择

班主任的研究课题是指在班级管理实践中遇到的新情况，这一新情况理论研究成果未能预见，当然也没有提出解决问题的方法，或是班主任在以往的实践中未曾遇到并解决过，这些就是班主任需要研究的课题。

（3）研究方法的选择

要开展研究，就要运用一定的方法。问题决定方法。一般来说，教育研究有文献研究、实验研究、调查研究、个案研究和行动研究等。一般的研究方法均着眼于理论的深入，而班主任的研究是要开展实践活动，有效地解决实际问题的。因此，班主任一般选择行动研究。

（4）形成研究方案

一般来说，研究方案包括：课题名称（研究对象、研究问题、研究方法）；研究的目的与意义；研究对象与研究变量；国内外研究现状与水平；研究的内容与方法；研究进度；成果形式；课题组成员及分工；现有基础；经费预算；参考文献与附录；等等。由于班主任的研究是实践研究，选择的研究方法又是行动研究，故方案里的内容很多都可以省略。

（5）研究论文的撰写

班主任在班级问题研究中不断学习新理念，获取新信息，收集新问题，研究新方法。研究的过程就是不断批判、反思、修正的过程。将研究结果撰写成文章向期刊投稿，一旦公开发表，将受到很大的鼓励，进而提高科学研究热情，形成良性循环。

2. 通过行动研究，促进专业发展

行动研究是一种"以问题为中心"的研究。一般认为，这种研究方法是于20世纪40代美国社会心理学家勒温首先提出来的。勒温在研究中发现：科研人员如果仅凭个人兴趣或者只是为了"写书"而搞研究，这样的研究就不能满足社会的需求。据此，勒温于1946年提出了"行动研究"这一新方法。行动研究强调对问题的干预和行动策略的反思。行动研究的过程是一个不断反馈、循环的动力系统。行动研究是由计划、实施、观察和反思四个环节组成的一个螺旋式发展过程，每一个螺旋圈都包括这四个相互联系、相互依赖的环节。

第三节　小学生活动

一、小学班级活动内容

（一）班级活动概述

小学班级活动是儿童在校学习生活的重要组成部分，是培养"完人"的重要载体和课堂教育的必要补充。绚丽多彩的班级活动能更好地实现引导人、陶冶人的目标，能对儿童的价值观产生终身的影响。

1. 班级活动的内涵

（1）班级活动是一种特殊形态的课程

教育不能让学生远离生活世界，班级活动为学生开辟了一条与他生活世界交互作用、持续发展的渠道，丰富了学生对自我、社会和自然之间内在联系的整体认识与体验。班级活动正是基于生活常识、经验，密切联系学生自身生活和社会生活的一种课程形态。班级活动这种特殊形态课程的实施，是多种课程的延伸、连接与运用，可以实现课内与课外的整合。

（2）班级活动是一种教育性实践

班级活动可以培养学生无论何时都能向他人求助的意识，使学生在活动中建立起友谊、信赖等人际关系。在这种关系中，每个人的存在都能够得到大家自觉的尊重、认可与关注。在此基础上，自然会形成这样的班级——全班学生有依赖感，彼此帮助、互相要求。这种关系对于学生会有奇迹般的影响力、教育力。

（3）班级活动是一种生命体验过程

班级活动不是为活动而活动，而是一种激发学生情绪体验、活跃学生思维的过程，这一过程是知识与能力和情感态度与价值观的有机统一。因此，学校科目相互联系的真正中心，不是科学、不是文学、不是历史、不是地理，而是儿童本身的活动。教师可以通过班级活动来实现对学校课程的延伸与运用。

2. 班级活动的特点

（1）班级活动的目的性

设计班级活动首先要考虑的一个基本点就是其目的性，每一次召开班级活动，都必须有明确的目的。班级活动的目的可以从多个角度去界定，大到和国家的教育目的一致，小到和每一位学生的身心发展要求一致。班级活动关注学生在活动过程中所产生的丰富多彩的学习体验和个性化的创造性表现，随着活动的不断展开，新的目标不断生成，新的期待不断涌现，学生在这个过程中兴趣盎然，认识和体验不断加深，某些想法、诺言、梦想都会悄悄入驻心田。

（2）班级活动的自主性

儿童对活动的需求几乎比对食物的需求更为强烈。参与班级活动是儿童的精神态度完整性和统一性的标志。儿童就是这样在五花八门的活动中激发智慧，打开想象的大门，实现着成长。但是，要是儿童缺乏适当的外部环境，就永远不能运用自然赋予他们的巨大精力。儿童在活动中自主地寻找启示，充实自己的精神世界。

（3）班级活动的开放性

班级活动要采取自由开放的态度。真正的活动是以个人的需要和兴趣为基础的自发性活动。活动并不意味着要求儿童做他们应当要做的任何事情，而是要求儿童选择做他们要做的事，他们应当主动地活动而不应当被动地行动。班级活动要面向学生的发展需要、尊重学生的成长规律与学生的兴趣爱好，它随着学生成长的轨迹而变化，其实施目标与内容具有开放性。

（二）班级活动的形式与内容

小学教育活动的类型，就活动途径分，有校内活动（主要是课堂教学和课外活动）和校外活动；就活动内容分，有教学活动、保健活动、道德教育活动以及文艺、科技活动。概括起来包括以下六个方面。

1. 教育教学活动

教育教学活动主要是指为了完成教育目的，在教室内开展的旨在促进学生知识、技能、情感、道德品质、身体等各方面发展的活动。教育教学活动主要包括教学活动、卫生保健活动和道德教育活动三个方面。

（1）教学活动

这种活动主要体现在课堂中，是由教师和学生双方互动而构建的活动方式，是小学教育的主要活动。由于在活动结构中，学生处于主体地位，因而传统的教师只管讲、学生只管听的灌输式教学受到质疑，教师只有在顾及学生认知发展水平及实际接受能力的前提下施行教育，使学生调动多种心理因素，主动积极地学习，才能取得良好的教学活动的结果。

（2）卫生保健活动

这种活动是有益于小学生身体健康发展的活动。一方面，使学生通过跑、跳、投、体操等运动锻炼身体；另一方面，使学生领会和养成爱惜身体、保护身体的知识与习惯。卫生保健活动应明确活动目标，注意适度，运动过量反而对身体发育有害。

（3）道德教育活动

这种活动是培育和完善小学生良好道德品质的活动。课堂教学是实施德育的主渠道，通过班级在集体中开展道德教育活动是其主要形式。开展道德教育活动应让学生在道德认识、道德情感、道德行为诸方面得到综合发展。

2. 常规班级活动

（1）晨会活动

晨会活动是班级在晨会时间开展的教育活动。晨会活动的主要特点是简短、及时。晨会活动每天进行，具有迅速传递信息、及时解决问题的功能。班主任或辅导教师组织晨会活动一般有三种形式：组织学生参加全校性的晨会活动、按照学校安排的栏目组织晨会活动、完全自主地组织晨会活动。

（2）班级例会

班级例会是指在班主任或辅导教师的指导下，在班会课时间里，由教师或班干部主持，讨论、处理班级日常事务，进行班级集体建设的班会活动。班级例会的特点是常规性、事务性和民主性。班级例会是处理班级日常事务、总结班级情况、实现班级民主化管理的重要途径。

（3）课间活动

学生在课间所从事的活动称为课间活动。小学生的课间活动主要是指小学生在课间休息时间和学生提前进校到上课及放学而未离校的这段时间内所进行的活动。课间活动是连接两节课的纽带和桥梁，它对课堂教学的效果有着直接的影响。课间活动具有学生身心的疲乏性、时间确定的复杂性与短暂性、内容和形式的灵活自主性三个方面的特点。

3. 主题班级活动

主题班级活动指的是经过学生和教师精心设计与准备而开展的、有明确主题的班级教育活动。主题教育活动比一般的班级活动更富有教育意义。它最大的特点就是主题鲜明，具有强烈的针对性。根据活动的主题不同，可以把主题教育活动同德育、智育和法制安全教育等结合起来。

4. 社会实践性活动

社会实践性活动是指班级学生在教师的指导下走出教室，进入实际的社会情境，在力所能及的范围内直接参与并亲历各种社会生活和社会活动领域的活动。社会实践性活动主要是为培养学生的创新能力、实践能力和社会责任感而开展的班级活动，主要包括科技创新活动、社区服务活动和参观访问等。

5. 课外活动

课外活动是指在学校课堂教学以外，学校有目的、有计划、有组织地指导儿童从事的多样的活动，以进行多方面的教育和培养全面发展的人，使之成为德才兼备、体魄健全的社会主义建设者和接班人。课外活动不仅能促进学生脑力劳动与体力劳动相结合、理论与实践相结合，还能培养儿童的个性与特长，发展其智力、创造力及自学能力，主要包括以下几种。

（1）班级文艺活动

班级文艺活动是班级文化艺术娱乐活动的简称，是指学校通过健康的文化艺术娱乐活动对学生进行熏陶和教育，以发展学生的美感和健康心理品质的教育活动。文艺活动能丰富学生的课余生活，活跃班级气氛，促进学生心灵交融，增进团结，提高学生的艺术修养和身体素质。文体活动的主要形式有小型联欢会、歌咏会、故事会、庆祝节日活动、各种文艺兴趣小组活动等，其中联欢会是常用的形式。

（2）班级体育活动

班级体育活动有别于单纯的体育比赛，其特点是融德育、智育、体育为一体。这种体育活动具有教育性和趣味性相结合、群体性和个体性相结合的特点。在这种班级体育活动中，有趣味的内容会吸引班级成员参加，同时考虑到适宜该年龄段学生的心理特点、生理特点、身体现状，既要有喜闻乐见的个人体育活动，又要有群体之间交流的体育竞赛，尽量体现出集体的力量。

（3）班级游戏活动

游戏是人类最基本的、对人的发展具有重大影响的活动。儿童时期的游戏是人类创造事业的源泉。游戏可以娱悦儿童的情绪，同时能够使儿童了解许多知识，培养儿童良好的品格。游戏的趣味能吸引儿童的注意力，培养儿童的主动性；游戏的规则能培养儿童合作、公正的品格；游戏的要求能培养儿童的团结精神、集体纪律。总之，游戏是发展儿童智慧的绝好途径。常见的游戏有智力游戏和体育游戏。

6. 心理辅导活动

班级心理辅导是目前小学实施心理健康教育的一种有效途径和主要形式，也是近年来我国学校心理辅导工作者创造的一种方式。通过集体辅导、个别辅导、教育教学中的心理辅导以及家庭心理辅导等多种形式，帮助学生认识自我，接纳自我，调节自我，从而充分开发自身的潜能，促进心理健康与人格和谐发展。它对于推动我国现阶段小学生心理健康教育发挥了重要作用。

（三）班级活动的意义

1. 班级活动能使学生发现自我，形成良好的个性

班级活动能促进班成员间的交往，满足孩子强烈的与同伴交往的需求。在种种儿童与同伴对话、与教师对话、与自我对话、与物或教材对话的活动中，孩子可以沉浸在心情舒畅的气氛中，可以安心地、轻松自如地形成人与人之间的基本的信赖关系——有你有我，你中有我，我中有你，我需要你，你支持我。班队活动创造的良好的心理建设，可以唤醒孩子的"生命感"和"价值感"，使孩子在交往中走向他人，发现自我。在活动中，他们或寻求着心仪的同伴，或加深了与心仪同伴的友谊，其尊重与自重的需要、自我表现的需要得到了满足，有利于学生发现和认同自己的个性，不断完善自己的个性。

2. 班级活动能使学生养成良好的生活态度，培养其生活能力

班级如同一个小型社会，班级活动可以深化学生的生活经验，强化学生各方面的能力。有组织的班级活动不仅可以帮助学生形成理想的社会道德态度与行为方式，还能影响学生日后的生活经验与能力。班级活动的进行可以培养学生积极主动、民主做事的素养，通过民主程序了解相互尊重的重要性，培养少数服从多数、多数尊重少数的态度。儿童总是在多姿多彩的班级活动中掌握着一定的态度和行为方式，抑或通过一定的人际关系，用一定的态度对待学习与成长。具体而言，就是学会了生活、学会了学习、学会了做人，为其以后的生存奠定了基础。

3. 班级活动能拓宽学生的学习领域，培养学生多方面的才能

教育是一种激发、召唤，苦口婆心的空洞说教往往是徒劳无功的。一切教育都是通过个人参与活动而进行的。班级活动能与课内所学有机地结合起来，有效地激发学生的求知兴趣，它使学生的学习机会增多了，学习领域扩大了。班级活动能熏染个体的意识，锻炼个体的思想，激发个体的感情和情绪，使其形成主体的习惯，不断地发展个人的能力。

4. 班级活动有助于班集体的形成，培养学生的集体主义精神

班级活动是形成班集体的基本体现，是学生学校生活的基本形式，没有活动就没有真正的班集体。组织丰富多彩的班级活动，能使学生在愉快的活动中增强学习的兴趣和上进心。在活动中，培养了学生集体生活的习惯和在集体中生活的本领，使学生学会了正确处理个人与集体、自由与纪律、民主与集中、权利与义务等关系。学生在活动中感受集体的存在，体会个体与集体间存在的关系，可以激发为集体的荣誉而努力的观念。

二、小学班级活动的基本途径和方法

（一）班级活动的原则

班级活动的原则是指为了保证班级活动的良好效果，在设计、组织和开展活动时必须遵循的基本要求，它是反映班级活动指导过程的客观规律。班级活动效果如何，与活动过程中是否准确地遵循这些原则有密切关系。

1. 教育性原则

教育性原则不只是要求教育者在组织班级活动时出于一个良好的教育愿望，更主要的是通过班级活动的组织，切实使受教育者获得真正的教育，获得实实在在的发展，或增长了知识，或陶冶了情感，或培养了良好品德。因此，好的班级活动应发挥教育的综合功能：首先，在制定班级活动目标时，要寓庄于谐，寓教于乐，最大限度地发挥班级活动的教育作用；其次，教育性还要体现在活动内容与过程上，活动内容是教育性最重要的体现，而活动过程是教育性的具体体现；最后，活动准备的场地要有教育氛围，场地布置要体现教育情境、活动气氛，标题的书写、展板的摆放、桌椅的形式都要做整体设计。

2. 针对性原则

针对性原则是指要根据班级组织与建设的实际需要，针对学生的年龄特点以及学生所处的地域环境和条件对学生进行教育。在界定班级活动目的的时候还要考虑的一个因素就是针对性。首先，要考虑学生的年龄特征和个性特点。对不同年龄的孩子，要根据他们不同的特点来组织活动。同时，班级活动不应仅考虑全体学生共有的一般年龄特征，还要照顾到每位学生的个性特点，对他们每个人的兴趣爱好、能力水平都要加以考虑。其次，要考虑到班级建设的需要。班级活动的主要任务之一就是建立一个良好的班集体，通过集体教育来影响学生。从这个角度来讲，开展班级活动必须有利于班集体的建设和发展。最后，要针对集体或学校所处的地区的条件，充分发挥地区优势，因地制宜。

3. 有效性原则

有效性原则要求除了主题的选择要切合学生的实际情况以外，在活动的形式和内容的选择上要从学生的身心特点出发，采取他们乐于接受的主题和形式，这样才有可能实现最佳的教育效果。因此，在组织、设计和开展活动时，一定要克服两种倾向：一种是一味追求活动的"教育性"或"塑造性"，不顾学生的兴趣和需要，使活动形式单调，内容单一而无变化；另一种是为了活动而活动。总之，组织和设计活动时一定要做到内容丰富、主题鲜明、形式新颖，使学生感到新奇、有趣，乐于参加，使班级活动以理服人、以情感人、以趣育人，从而达到很好的效果。

4. 生活性原则

生活性原则是指班级活动要扎根生活，深入实际，使活动符合客观现实发展的真实情况，让学生在真实的活动中体味生活、感情、人生，以达到对学生的自然而然的教育。班级活动的组织与开展，一定要贴近生活、贴近实际、贴近学生。要从学生的学习生活实际出发，从学生最关心的问题入手，深入浅出，寓教于乐，循序渐进。切忌远离实际、远离生活，忽视活动对学生的自然启发性。因此，对于班主任来说，班级活动的设计要结合学校所处地区的实际情况以及班级现有的条件，从时间、地点、人力、物力等多方面考虑，使活动的开展具有现实性和可操作性。

5. 整体性原则

整体性原则是指班级活动的内容、活动的全过程、活动的教育力量都要成为一个系统，用整体的教育思想指导整体的教育活动，达到教育目标实现的整体性和学生身心发展的整体性。从活动内容看，要有整体教育的考虑，要包含德、智、体、美、劳诸方面活动，形成全面的信息网络，使学生得到多方面的教育和发展。从活动的全过程看，整体活动和个别活动是辩证统一的。就一次活动来说，只有从酝酿、设计、准备阶段发动学生全身心地投入进来，在活动实施时学生才会有激情。从整体活动看，活动之间也应有一个系统性和连贯性的安排。

（二）班级活动的途径

1. 确定班级活动题材的途径

（1）从学生的学习与生活中选择

学习是学生在学校最主要的活动，因此，指导教师可以在班级建设和学生的学习生活中发现并提炼活动的题材。如为了提高学生的学习自觉性，可以开展学习先进的主题理想教育活动。学生在校的生活虽看似平常，但为班级活动提供了丰富的题材。

（2）从教育目标和教育计划中选择

指导教师根据学校的教育目标和教育计划来选择题材，组织活动，既是对学生进行教育的一条重要途径，也有利于教育目标的实现。

（3）从地域特点和重大节假日中选择

每一个地区都有自己特有的自然环境、风土人情、名人逸事、建设成就、新人新事等，这些都蕴藏着十分丰富的教育内容。另外，我国的许多法定节日、传统节日、杰出名人的诞辰纪念日，都含有宝贵的思想道德教育资源，也都可以成为班级活动的基本素材。

2. 班级活动主题确定的依据

主题是班级活动的源头，也是活动最终要达到的教育目的。班级活动不能只是玩玩闹闹，一定要有教育目的或期望。所以，主题的确立是至关重要的。主题的确立可以考虑以下几个因素。

（1）以全面贯彻党的教育方针为根本宗旨

班级活动作为学校教育的主要形式，必须全面贯彻党的教育方针，兼顾学生的品德、智能、身体、审美等各方面的健康发展。因此，要根据国家形势发展的需要和国民教育的整体发展来安排班级活动。当前，在基础教育课程改革的背景下，应特别注重以学生为本，注重学生的创新精神和实践能力的培养。

（2）落实学校的教育计划

班级活动的主题应依据学校的教育计划设计。每学期，学校都会对本学期的工作进行具体部署和要求，班级活动应尽量与学校整体活动安排同步，以便学生在学校整体的活动氛围中获得更多的熏陶，更深刻地体会活动主题的内涵。

（3）要与时俱进，具有时代特征

指导教师在设计活动题材时，要善于把握时代特征，有计划地组织一些符合时代要求的活动，做及时有效的引导，使学生向着现代社会所要求的方向发展。因此，班级活动的主题可以围绕社会中的某些重大事件、流行思潮、热点话题。

（4）避免形式化，要有思想性

在开展班级活动时，要避免活动的形式化倾向，要求早做计划、早做准备，使活动不仅要活跃学生的学习生活，还要寓教育于活动之中，使学生的素质通过生动、活泼、丰富多彩的形式得以提高。

3. 组织班级活动的要求

（1）班级活动的组织要有周密的计划

组织班级活动要能使活动丰富儿童的精神生活，还必须从时间安排上、组织形式上、活动内容上精心设计和切实保证，即班主任应做好班级活动计划。详细的计划可以避免活动中的随意性，减少突发事件的发生，保证活动完成的质量。

班级活动计划可以分为学期活动计划、系列活动计划和某项具体活动计划等不同层次。活动计划的内容一般包括活动目的、内容安排、时间安排、场地准备、人员安排及辅助手段等几个方面。不同层次的计划详略程度有所不同，具体的某项活动计划应有较强的可操作性。

（2）班级活动要针对学生的年龄特点

班级活动的出发点不能仅仅基于外在的社会要求，还要基于儿童的成长需要，也就是要求活动的内容及形式要符合学生的年龄特点，让丰富多彩的活动成为学生的一种生命经历。这就要求活动设计针对本班学生实际。班级活动应与学生的生活相关联，并能对学生的生活产生积极的影响。在确定活动主题前，班主任应关注学生在关心什么、在做什么，学生的想法是什么，思考学生应该知道什么、应该做什么，使班级活动与学生的年龄特征、思想实际相吻合。

（3）班级活动要力求突出班级特色

在选择班级活动的内容和形式时，要充分展现本班的特色。班级中的每位学生虽有不同的爱好和个性等，但经过较长时间的共同生活之后，同学之间相互影响，某个相对集中的爱好或个性便形成了一个班的特色。班级活动是充分展现本班特色的过程，也是在有意培养班级独特个性的过程。

（4）班级活动应充分调动学生的积极性和创造性

学生、班主任是班级活动的共同体。班主任要与班干部密切配合，并尽可能调动全班学生的积极性，集思广益，共同行动，这样才能使活动计划设计得更精彩、实施得更到位。小学生思维活跃，想象力丰富，蕴藏着很强的创新性，班主任应充分信任学生，为学生提供更多的创造机会和时间。要让班级活动吸引学生，必须不断创新。因此，班主任在活动中的角色应该是协调者、组织者、指导者，而不能包办代替、独断专行。

（5）班级活动要坚持全员参与

坚持全员参与，即要让全班每位学生都意识到自己是班级的一员。实际上，小学生都十分向往参加班级活动，一旦有了展现自己的机会，通常会全力以赴；即便有些看似"一无所长"的学生，也拥有很大的潜力，同时他们也正是需要班主任提供机会来锻炼、提高的对象。因此，设计活动一定要把学生都考虑进去，不能总是形成少数几个学生表现而多数人旁观的局面。

（三）班级活动的组织与实施

1. 活动设计

活动设计是对班级活动进行策划并撰写活动方案，它是开展班级活动的基础，活动设计是否有新意，关系到班级活动质量的高低。活动设计包括活动策划和活动方案撰写两个方面的工作。

（1）活动策划

活动策划有四个方面的内容：第一，选择活动主题。班级活动主题既可从学生的学习生活中选择，也可从教育目标和教育计划中选择，还可从地域特点或传统文化中选择。第二，选择活动内容。活动内容是活动主题的具体表现。选择活动内容要注意求"近"（即活动内容贴近学生的思想与生活，或是学生身边的人和事）、求"新"（即活动内容要新颖有创意，能引起学生的兴趣）、求"小"（即活动内容切入主题的角度小，使内容集中，易于小题大做）三个原则。第三，选择活动形式。活动形式为活动内容服务，要符合小学生的心理。因此，活动形式要新颖、多样、多变，能发挥学生的特长，并易于操作。最好采用寓教于乐的游戏、表演、竞赛等形式。第四，设计活动名称。活动名称要文字简洁、语言形象、语音响亮，能提示主题，且能给人以深刻印象。

（2）活动方案撰写

活动方案的撰写是对活动内容进一步具体化、细节化的过程。因此，活动方案的撰写过程也可以看作对活动主题和活动内容进行进一步设计的过程。活动方案有简案和详案两种。目前，小学班级活动的方案多采用详案形式，因为它对活动的目的、活动的意义、活动的内容、活动的过程、活动的提示等做了具体而详细的介绍，操作性强，便于准备和实施过程的顺利组织。

2. 准备

充分的准备工作是班级活动成功的保证。班级活动准备得越充分、越细致，活动实施就越顺利，活动效果就会越好。其实，准备阶段也是班级活动的一部分。指导教师指导学生做好准备工作就是培养学生学习能力、交际能力、自我管理能力和活动能力的过程。班级活动的准备可以分为：思想准备、组织准备、人员准备和物质准备。

（1）思想准备

第一，班主任在开展一项活动之前应明确最终要达到什么目的，预计可能出现的问题和障碍。班主任对活动的高度重视是激发学生参与热情的重要因素，是对学生最大的激励。

第二，班主任应发动班级学生认真准备，即通过引导学生对活动意义的充分认识，激起学生积极参与活动的心理倾向。

（2）组织准备

活动的准备工作量大，头绪多，要求指导教师精心组织，积极指导，要做到：统筹安排，各显其能，既要依靠全体同学，也要依其长处来安排工作；分工明确，各尽其职，即对工作任务进行明确分工，责任到人；指导认真，检查到位，即任务分派后，要详细指导，甚至做到手把手教，并随时检查，发现问题，解决问题。

（3）人员准备

人员准备包括以下几个方面：一是主持人准备，主持人培训是活动的灵魂，指导教师要有意识地通过活动来培养学生的主持能力。二是参与人准备，班级活动的每一项具体任务应落实到人，根据不同的任务要求和学生特点分配不同的工作，使每一位学生都有机会发挥自己的作用。三是来宾邀请，指导教师要指导好学生确定来宾的依据和邀请技巧。同时，指导教师要定时督促、检查，并及时帮助解决困难。

（4）物质准备

物质准备主要指环境布置（如板报、会场布置、桌椅摆放等）、服装与道具准备（参与者的服饰道具、音乐、节目等）、设备准备（活动的音响设备、器材、多媒体等）。班主任一方面要鼓励学生自己动手、动脑；另一方面要及时了解所需，帮助学生解决困难。

3. 实施

实施是活动组织的第三个阶段的工作，是指在预定的时间与地点将活动设计的蓝图变为活动实践的过程。在活动实施之前，指导教师一定要做最后一次检查，确保活动顺利进行。在活动实施过程中，指导教师要起到指导与保障的作用。

（1）指导

指导的工作有：指导活动人员进场座位的安排以及来宾的专人接待；指导工作人员维持好活动现场的秩序与纪律；指导主持人的主持。例如，活动现场气氛不热烈或太热烈，主持人控制不了现场，或是主持人和参与同学因紧张出现错误，这时指导教师一定要冷静，不要埋怨学生，而要帮助主持人采取相应的对策。

（2）保障

指导教师要保障班级活动准时开始和结束；保证活动按照活动方案顺利进行；要及时处理解决活动中出现的一些技术性问题。

4. 总结

总结是对活动的一个回顾和评价，也是巩固和提升活动效果的方法。总结是理性的反思过程，是认识过程的又一次飞跃，也是学生得以形成正确的观念和方法的必要途径。因此，班级活动开展后，不论成功与否，都应当进行总结。总结让学生在活动中体验成功，提高自信，得到成长。

第四节 小学语文教学与班级管理

一、班级管理工作介绍

（一）班级管理工作的概念

由前文的定义我们可以看出，班级是一种组织，因而需要管理。班级管理活动既是实现班级教育目标的必要条件，也是实现教育目标的途径。但是关于班级管理的含义，目前尚未形成一种绝对标准的界定，也没有统一的定义。一般来说，班级管理是以班级为载体的教育管理。关于班级管理的研究是较为系统的，许多学者对此提出了自己的见解。

（二）班级管理工作的内容

1. 组建良好的班集体

组建良好的班集体要做到以下几点。

（1）提出明确的班级奋斗目标

一个良好的班集体，应该具有切实可行的班级奋斗目标，这样才能使不同的学生走到一起，成为一个整体并产生强大的合力。

班级奋斗目标应体现国家对各学年教育的基本要求，也要集中反映班级的实际情况和师生的共同愿望。班级奋斗目标可以由班主任与班干部商议后，全班学生讨论通过，也可以由班主任提出明确的班级奋斗目标，对全班学生提出具体要求。无论采用哪种形式，目的都是让全班每一位学生认识到自己是班集体中的一员，以增强学生的集体荣誉感，形成团结向上的良好班风。

班级奋斗目标一般包括近期目标、中期目标和远期目标。例如，一位班主任在接手新的年级时，明确提出班级的近期目标是搞好课堂纪律，中期目标是成为优秀班，远期目标是形成团结、向上、勤奋、朴素的良好班风，形成博学、慎思、明辨的浓厚学风。经过三年努力，使学生成长为品德高尚、成绩优异、全面发展的青年。

（2）加强班集体的组织建设

班集体的组织建设，一是指班级组织机构的健全和完善；二是指班干部和骨干队伍的形成与培养。班级的组织机构一般包括班委会和少先队中队。班委会设班长、副班长、学习委员、体育委员和文艺委员各一名，以及少先队中队长一名。上述班级组织，担任着班级的行政管理和思想组织建设两大职能，两者的活动不能截然分开。

（3）发挥制度和规定的作用

"没有规矩，不成方圆"，在班级管理中，班主任不仅要引导学生学习和遵守小学生守则与行为规范，同时还必须详细地讲解学校的各项规章制度、纪律要求和奖惩措施。在班级管理中，规章制度管理必须与学生的自我管理相结合。学生既是接受管理的客体，又是进行管理的主体。只有当学生高度自理并积极参与管理时，才能达到班级管理的最佳效果。班主任可以根据班级实际情况，在全体成员的参与下，制定若干合理、可行的具体条例与规定，如班级公约、课堂常规、学习纪律和卫生公约等，以引导和规范班集体成员的日常道德与学习等行为习惯。

（4）重视班集体的舆论建设

班集体舆论就是在班级中占优势、为大多数学生赞同并愿意接受的言论和意见。它以议论或褒贬等形式，肯定或否定班集体成员的言行，成为控制个人或班集体发展的一种力量。积极、正确的舆论，能起到明辨是非、奖善罚恶、凝聚人心和催人奋进的促进作用；而消极、错误的言论，则会起到混淆是非、涣散人心和毒化风气的不良作用。正确的舆论是一种巨大的教育力量，在正确舆论的面前，班集体成员会自觉地调节个人与班集体的关系，改变与之不相适应的思想和行为，从而促进每位学生健康成长。因此，班集体建设的一个重要任务，就是努力培养健康向上的集体舆论，使之成为进行道德评价和学生实现自我教育的有效手段，加速良好班集体的形成和发展。

2. 教导学生学好功课

作为教师，征服学生必然少不了在课堂上的精彩教学。

（1）制订学习计划

学生制订的学习计划应当全面、具体，除了要安排好具体的学习时间，还要安排好锻炼身体的时间、娱乐时间等。这样才能保证学生的全面发展，才能使学习生活丰富多彩。教师要引导学生安排好常规学习时间和自由学习时间，使学生在完成基本学习任务的同时，不断提高自主学习的能力。在制订学习计划时，要注意长期计划和短期计划结合，这样有助于学生循序渐进地完成预期的学习目标。学习计划的制订，应以学生自身学习的实际情况为依据，避免出现学习任务过重或过轻的状况。在学习计划的执行过程中，学习的各种条件可能会发生各种变化，这就要求学习计划的制订要具有一定的灵活性，要留有机动时间，目标也不要定得过高，以适应教学中临时变化的情况，以提高学生学习的效率。

（2）培养学生良好的听课心理

教学质量的高低，与学生的听课心理有着十分密切的关系。教师要引导学生具备良好的听课心理。第一，求知心理。求知心理是人最基本的心理特征，也是推动学生学习的内部动力。教师应根据学生的未知心理，满足他们的求知欲望。第二，求趣心理。兴趣是一个人倾向于注意、认识某一事物和研究某一事物的一种心理活动，是学生学习积极性中最现实、最活跃的心理因素。教师要善于把握学生的求趣心理，激发学生学习的兴趣。第三，求实心理。学生总是希望在课堂上学到实用价值高的内容，这就要求教师联系生活实际，精选教学方法，让学生在短暂的课堂上，听到最精练的讲解，学到最精要的知识和技能。第四，求同心理。求同性是人的心理需求之一，缺少求同性，学生就不能有效发挥其主体作用，就不能活泼地发展。教师应关注每一位学生的发展，建立民主平等的师生关系，让每一位学生都积极地参与到学习活动中。第五，求成心理。成功感是一种积极的情感，它能满足学生自我实现的高层次追求。在教学中，教师可以实施分层教学，让不同水平的学生都能体验成功的喜悦，增强学习的信心。

（3）重视学习方法的指导

教师对学生进行学法指导，要遵循以下四个方面的要求。第一，激发学生的自主精神。教师应帮助学生树立自主学习意识，保持自我学习的精神，充分发挥学生的主体性作用。第二，充分研究学生的学情。学情包括学习目的、学习态度、学习情感和学习意志等，指导学生学法应与研究学生学情充分结合起来。第三，尊重学生的认识规律。教师进行学法指导，应注意让学生从丰富的感性材料出发，通过直观教学，抽象出公式、概念、定义和法则等。第四，重点抓学法的细节。比如，抓导入，听出中心；抓新授，筛出重点、难点和最深感受点；抓练习，举一反三等。

3. 组织班级开展活动

班主任组织班级活动的基本要求，包括以下五个方面的内容。

（1）目的明确，计划周密

班级活动要有针对性，明确为什么要开展这次班级活动，期望达到什么结果。周密的计划包括两个方面：一是每次班级活动都要纳入班级工作计划，要落实班级活动的主题、时间和负责组织的人员等；二是对每一次班级活动进行精心设计，包括教育主题的选择、活动的构思、活动的准备和活动的程序等。

（2）充分调动学生的积极性

如果学生在班级活动中缺乏积极性，班级活动就不能有效地进行。教师要和学生一起研究，从班级活动的选题、设计和准备到主持活动的展开，都应以学生为主，让他们通过实践，增长智慧与才干，培养学生的自主精神和自我教育能力。

（3）活动应具备科学性和思想性

班级活动的内容要充分体现科学性，并且对学生要富有教育意义。通过班级活动，使学生开阔视野，增长见识和才干，促进学生的思想朝着积极的方向发展。

（4）活动要有创新性

班级活动的内容要随着客观形势的变化而变化，这样班级的发展才能不断有所创新，才能不断丰富和充实。例如，爱祖国和爱集体的主题不变，但应有新内容和新材料，这是班级活动创造性的根本。

（5）形式要新颖、灵活、多样

班级活动应适应青少年活泼好动的特性，要求求知、求新、求美、求乐，这样才能为学生所喜爱，才能形成一种欢乐、轻松、和谐的环境，使学生在潜移默化中受到教育和熏陶。另外，教师设计组织班级活动还应考虑其他的一些要求，如开放性、趣味性、知识性、时代性、序列性、实用性和实效性等。

二、小学语文教学与班级管理的关系

（一）小学语文教学与班级管理的联系

1. 目的相似

小学语文教学和班级管理的目的具有相似性。在小学班级管理上，提倡以人为本的根本原则，这是小学教学的最终目的，也是现代小学学校最核心的教学理念。要让学生在日常生活学习中，养成一种独立思考和严格自律的习惯。而班级管理就是为了培养小学生自我管理意识，提高学生的积极性，管理他们如何在班级里成为好学生，培养他们在学习中严于律己，在生活中做诚信的人。

2. 相辅相成

小学生年龄尚小，学习能力有限，有时对事物的认识有片面性，还不具备正确判断事物的能力。因此在班级管理过程中，小学生还不能理解班级管理的重要性，导致班级管理出现问题，影响课堂教学效果。可以说，小学班级管理是否到位，也会影响小学语文课堂教学的有效性。

（二）小学语文教学与班级管理关系的意义

在小学阶段，学生的人生观和价值观尚未进入成熟时期，其对外界事物的判断往往会受到家长和教师的影响。所以在小学阶段的班级管理过程中，适当地将班级管理与语文教学相融合，培养学生的人文素养和对事物的判断能力十分重要。在小学教育阶段，班主任应该注意将小学语文教学与班级管理相结合，进一步提升管理效果，为学生综合素质的培养创造条件。只有在保证学生基础知识学习成效的基础上，对学生实施人格教育和情感引导，小学班主任班级管理的效果才能得到最大凸显，为学生健康成长提供相应的保障。

小学语文教学与班级管理结合有以下优点。

1. 有助于创造良好的学习氛围

小学生的认知能力是有限的，但他们也有自己的感情。语文教学里的许多文章都是用情打动人的，这些也是大多数学生在学习过程中对语文比较喜欢的原因。因此在平时的班级管理中，教师要能够借鉴语文课本中的知识做到用情去打动学生。无论是平时的学习还是现实生活中，教师都要时刻做到关爱学生，公平地对待学生，为学生创造一个良好学习的氛围。

当今，许多学生的家长外出打工，顾不上教育与关爱自己的孩子，使孩子缺乏父母的关爱。有的孩子性格孤僻，厌恶学习，甚至叛逆。班主任要关爱自己的学生，让他们感受到温暖，提高他们学习的积极性。那么，班级里也会充满温情，班级管理就会更加得心应手。

2. 有助于促进小学生的全面发展

（1）有助于小学生内在品质的塑造

受年龄的限制，小学生的思维还不够成熟。在小学阶段，接受语文知识的学习，可以在一定程度上帮助学生树立正确的人生观、世界观和价值观。因此，在日常教学活动中，教师要创新教学方法，进而最大限度地调动学生的学习积极性，帮助学习塑造优良的内在品质。当前，在对小学生进行语文知识的教学过程中，需要注意以下两点：首先，在教学中，要通过朗诵课文的形式，来增强学生的记忆力；其次，教师要适当地对学生进行写作方面的训练。通过一定的写作训练的学生，可以对内心的情感进行表达，进而更好地丰富内心世界。

（2）有助于丰富小学生的情感

小学生的情感容易被感染，如果有情感世界的参与，他们对世界的认知将会更加具体、丰富。小学语文课本中的许多课文都是精心挑选出来的名篇，语言浅显易懂而且生动形象富有感染力，能感染学生的情感世界。

小学语文教学与班级管理的有效结合，不仅可以帮助学生更好地理解班级的管理工作，还能丰富学生的情感世界。比如，班主任可以开展一个"感恩父母"的主题班会，让学生举手背诵已经学过的或者是自己知道的描写父母养育之恩的诗句。在背诵的过程中，学生不仅可以理解父母的不易，还会更加珍惜父母的养育之恩，进而促进学生良好品德的培养。

（3）能促进学生健康向上地发展

小学语文教学不仅有朗读课文和背诵课文，也不仅有书写作文，还有实践交流与合作。语文教师如果能够走进学生的内心世界，就能充分了解学生的需求和思想感情。教学过程中的重要目标是帮助学生树立正确的人生观、世界观、价值观。而小学语文教学与班级管理的有效结合，能更好地促进学生健康向上地发展，以便学生能更好地面向未来，朝着未来扬帆起航。

三、小学语文教学与班级管理的结合

（一）在语文课堂教学中渗透德育教育

素质教育不仅注重学生学习成绩的提高，帮助学生增长知识，还要培养学生的道德素养，促进学生人文素养的整体提高，帮助学生形成正确的人生观、世界观、价值观，并将这种人文教育力量融入班级管理过程，形成一种内化的思想观念，以此来引导学生积极健康地发展，优化班级管理实效。

1.借助课文诵读对学生进行思想教育

小学生的思想还不够成熟，很容易受到外界因素影响，所以要采用朗读等教学形式来约束学生的思维状态，让学生能够集中注意力。在教学实践中，需要小学语文教师引导学生进行课文朗读和背诵，从而进一步加深学生对这部分语文知识的印象。在小学语文课堂中，最主要的两个学习内容就是课文朗读和课文背诵。

在进行课文朗读时，语文教师可以对朗读的内容进行一定的改变，加入一些思想教育的相关内容，让学生在朗读的过程中加深对思想教育内容的记忆和理解。同时，这些思想教育内容要与班主任负责的管理内容有所挂钩，让学生在学习的过程中了解纪律和管理的重要性。通过课文朗读和背诵，不仅能帮助学生加深对课文的印象，还能帮助学生理解课文内容和文章表达的思想教育意义。

对小学阶段的学生而言，其各方面思想观念还没有形成独立的边界。在小学语文教学中，教师要在课文教学中帮助学生形成思想观念边界，构建完善的思考体系。同时，作为一个教育意义明确的学科，语文教学是辅助班主任进行班级管理的有效手段，能使学生自觉约束自身行为，养成认真学习的习惯。对此，教师要重视课文朗读，利用朗读和背诵加深学生对语文课文内容的印象。同时，使学生更加理解课文中的教育意义，实现小学语文的教育目的。

人的思想道德往往是建立在小时候的生活、学习和娱乐的基础上的，这就决定着小学时期往往是自身思想道德水平建立的重要阶段。因此，需要在小学教育的过程中，充分重视思想道德建设以及人生观和价值观的树立。在实际的教学过程中，除了开设思想道德课程外，还可以通过对语文教材中的经典文章进行背诵的方式，提高小学生思想道德水平。通过对课文的背诵，不但可以夯实学生自身的语言基础，还能够使其认识到文章中体现的良好的行为习惯和道德水平的重要性，进而在自身的学习和背诵过程中，逐渐养成良好行为习惯，提高思想道德水平。

2. 在文字练习中接受思想教育

小学语文教学与班主任班级管理的有效结合，还应该重视对文字练习的应用。让学生在对有重要意义段落进行分析的基础上，对相关内容加以仿写或进行独立写作，进而让学生更为深刻地学习其中蕴含的思想。在逐步提升学生思想认知的基础上，也对学生实施相应的思想教育和引导，为班主任和教师的班级管理工作的良好开展提供相应的辅助。

3. 利用语文课文讲解对学生实施思想教育

利用语文课文讲解对学生实施思想教育，可以引导学生在成长过程中树立正确的人生观和价值观，让学生能够正确地看待社会上的相关事物，进而让学生可以理解班主任的班级管理活动，为班级管理活动的顺利进行创造条件，也为学生获得更好的发展奠定坚实的基础。

在日常教学中，首先，语文教师可以通过与学生问答等方式，让学生对课文内容进行情感思考。其次，通过一定的引导手段，对学生进行相应的思想教育。最后，进行思考讲解，这样有助于学生的思想得到实质性的提升。而作为班主任，可以在提问时适当地加入一些与班级管理有关的问题，让学生能够从实际出发，进行相应的思考，在一定程度上理解班主任的管理工作。

为了小学语文教育目的和管理目的的实现，教学要将管理理念和管理内容贯穿于小学语文教学内容中，促进小学语文教学与班主任管理工作的有效结合。以素质教育为核心，积极地开展语文课堂教学，为学生营造良好的教育环境，激发学生对语文课堂教学活动的兴趣，提高学生的参与积极性，使得学生全身心地投入语文学习中，为素质教育的开展打下良好的基础。

4. 利用小故事让学生感悟哲理

在课堂教学开始前，教师可以先把学生根据学号或座位排列，让学生依次开展讲小故事的比赛。在这些小故事中，学生可以增加知识，体会经典，感受中国传统文化。例如，《大禹治水》《精卫填海》等小故事，让学生感受到"坚持"二字，做事时要不抛弃、不放弃。这类故事还有许多，在教学中，教师要联系实际，用小故事中的大含义引导学生，鼓励学生从故事中学习到做人的本质。再如，《孔融让梨》让学生知道与人相处要学会谦让，谦虚礼让是我们成长中的必修课；《司马光砸缸》可以让学生认识到在遇到危险的时候要保持冷静的头脑，不能惊慌，寻找有效的方法尽快脱离危险；《画蛇添足》让学生明白做事不能仅凭想象，而且要结合生活实际，用事实说话，否则就会贻笑大方。在教学过程中，教师要正确引导学生体会这些小故事中的深刻含义，并鼓励他们将这些道理践行到生活中。

5. 实施情境教学

在教学实践中，情境教学是一种效果不错的教学方法。它能够帮助学生应对教学内容。教师设定学生熟悉的情境，使学生融入其中，更好地理解教学内容。在日常教学中，笔者会在课堂上给学生放映一些与教学内容有关又能够对学生的德育发展有帮助的教学视频。这样不仅能够吸引学生的注意力，还能够将学生带入笔者所创设的情境中，让学生能够感同身受。在深入理解文章的同时，帮助学生培养优良的道德品质，树立正确的价值观。这样有助于班级形成良好的风气，教师对于整个班级的管理也会变得更加得心应手。

情境教学是一种设定学生熟悉的情境，以达到让学生融入其中，更好地理解教学目的的教学方法，在教学实践中，具有不错的教学效果。为了能够在语文教学的同时加强班级管理，教师在教学过程中，可以给学生放映一些与教学内容有关又渗透德育的视频，在吸引学生注意力的同时，更好地将学生带入所创设的情境中，使学生有感同身受的共识感，从而深入理解文章的内容，同时帮助学生树立正确的思想道德观念，可谓一举两得。

6. 优化语文课堂组织管理方法

课堂教学组织水平，可以从侧面反映出学生的学习情况和思想水平。作为班主任管理工作的辅助学科，语文教学中可以结合学生的心理状况，营造轻松的课堂教学氛围。让学生在轻松自在的条件下接受教育，并将语文教育内化为语文素质，实现小学语文教育和班主任管理的最终目标。

例如，在小学语文教材《小猴子下山》的教学设计中，相对于传统教材而言，该文有更多可供师生自由发挥的空间，讲述了"人有无穷的欲望，如果不知道满足，便会什么都得不到"的道理。故事告诉学生，世间没有绝对的完美，只要试着满足，试着去接受自己所拥有的，时间久了，它便会是完美、不可或缺的。教师可以采用分组教学的方式，重视学生的主体阅读感受和体验，引导学生根据课文内容表达自己的想法与心得，提出自己的看法和疑问，并能运用合作的方式，共同探讨疑难问题。教师可以采用自主、合作、探究的教学模式，让学生在读中体味语言的美，在读中学习语言的表达方式，达到本节课的素质教育与能力培养目的。

7. 将语文课扩展成班会课

班会课是对学生进行品德教学的，而目前大多数教师只讲课本，他们认为教材是经过专家认真筛选的，是体现新课程标准精神的官方载体。再加上教师评价体系的现状，就出现了以考试内容来进行授课的方式。但作为小学教育，语文教学更应该以人为本。教师对语文课堂内容进行扩展，在不知不觉中进行德育教育，对学生也是一个很好的引导。在语文阅读和写作教学中，要进行传统美德的倡导，要进行良好品质的赞扬。这样，学生就能向美好的事物看齐，就能把语文课扩展成班会课。这样的课堂有利于塑造学生纯净的心灵，使学生树立远大的理想，教导学生正确地做人、做事，有利于促进班级建设。

（二）结合语文活动推进班级管理

1. 借助分组学习，推动班级管理工作

学习的目的不只是对某类基础知识的了解和学习，还是通过对这类基础知识的学习，让学生掌握更多知识，最后有利于拓展学生的知识面和视野，加深学生对知识的思考，并且使学生在学习中更创新和灵活。为了锻炼学生，在小学语文课堂教学的组织活动中，基于语文教学与班级管理的结合，教师可以组织学生开展分组学习活动。让学生在学习语文知识的过程中，能够互相帮助和理解；在团结协作中，完成语文知识的探索；在班级中，营造良好的学习氛围，为学生思想引导工作的开展提供相应的辅助，也为教师学生管理工作的顺利进行创造条件。在教学中，教师采用分组教学法，让学生以小组为单位，给学生设定一个问题，让学生以该问题为切入点进行自由讨论，然后教师随机抽取学生，进行小组代表发言。通过这种方式，既能够帮助学生开拓思维，学会自主思考，也能够提高学生参与课堂的积极性和热情，还能够有效地提高学生的语言表达技巧和语言运用能力。

2. 结合学生的生活实际，开展班级管理工作

在小学语文教学中，基于语文教学与班级管理的有机结合，教师还应该进一步加强语文教学与学生生活实际的联系，让学生结合生活经验，对相关语

文知识产生更为深刻的理解，逐步提升学生对于班主任班级管理工作的接受程度，促使班级管理工作得以良性开展。

在学生的学习和生活中，班主任的角色很重要。学生的日常生活和学习都需要班主任参与，此时班主任不仅是教师，还是家长。在小学语文教学中，班主任需要善于观察学生的学习生活，对学生进行德、智、体、美、劳全方位的培养，让学生养成良好的行为习惯和思维模式。同时，教师还要融入学生的生活。通过给学生讲解一些语文经典素材，让学生联系实际生活，引导学生正确面对生活中的困扰。

3. 积极开展各种课外活动

教师可以利用课堂或课余时间，组织学生开展各种活动，如诗歌朗诵比赛、收集剪报、做手抄报、开讨论会、演讲等。这些活动都有助于丰富学生的语文知识和技能，提高学生的素质，使学生在潜移默化中得到思想的熏陶，激发他们积极向上的情感。每学期，笔者都会组织学生开展一次爱国篇章的演讲，既让学生掌握朗读和演讲的技巧，又让学生感受到了祖国灿烂的文化、源远流长的历史、闻名遐迩的名胜，从而激发他们的爱国情感。

在小学语文教学中，教师不仅要讲解课本内容，还要对课堂内容进行扩展。只有这样，才能开阔学生的视野，使学生在不知不觉中接受德育教育，引导学生提高自我约束意识。在小学语文课堂教学中，教师要倡导传统美德，赞扬良好品质。这样才有利于塑造学生纯净的心灵，使学生向美好的事物看齐，学会正确做人、做事，为提升班级管理质量奠定基础。

（三）充分挖掘语文教材中的教育资源

语文课是进行语文教学的，班会课是进行品德培养和品质塑造的。在语文教学活动中，教师应该引导学生在获取语文知识的同时，得到思想品德的熏陶，受到真、善、美的感染。如果将语文教材中蕴含的教育内容再扩展，进行个性化的讲解，让它的内容更丰富，引发的思考更深刻，对学生的教育更有效。

小学语文课本知识有许多都涉及思想教育方面的内容。在日常教学工作中，教师可以通过加强对这些课文的诵读，来培养学生的内在品质。当前，在我国小学语文课堂教学中，基于语文教学和班主任班级管理的结合，教师应该尝试性地将语文教材中的每一篇具有一定教育意义的范文都作为班级管理的教育范例进行讲解，为班主任班级管理工作的有效开展提供相应的辅助。同时，由于语文教学与班主任班级管理存在一定的共通性，教师也可以适当将语文课堂中的活动课程以班会的形式开展，进而让教师通过课文的讲解，对学生实施思想教育，对课堂内容加以延伸，为班主任管理工作的开展创造条件，促使语文教学和班级管理融合的有效性得到充分发挥。

（四）营造语文教学中的良好班风

为与班级管理结合，小学语文教师应将学生管理工作贯彻到语文教学全过程中。对学生的言行、学习习惯和生活习惯加以管理，促进学生良好人格的树立。在教学中，积极探索行之有效的教学方式，培养学生的人生观、世界观和价值观，加强对学生的爱国主义教育，为学生的未来发展奠定基础。

1. 树立良好的学风

作为学生，首要任务就是学习。在这一过程中，教师有责任和义务培养班级良好的学习风气，以促进学生进行积极、主动的学习，最终达到班级整体进步的学习目的。对于学习之星，表扬其在学习上的优点和进步。对于学习退步的学生，私下里与他谈话，了解他退步的真正原因，并帮助他予以解决，和他成为朋友。通过这样的方式，让学生向优越者学习，形成整个班级积极向上的学风和班风。

2. 培养学生的团体意识

教师应引导学生树立团队意识，让学生懂得班级就是一个家庭。在语文教学中，有许多文章中的正面人物例子是能够对学生起到良好的激励作用的，当然也会有许多关于团队的文章。作为语文教师和班主任，在教学过程中应充分利用课文中的例子和这种思想的渗透来告诉学生：我们是一个大家庭，是一个紧密联系的团队。让他们明白真正的班集体的意义。

3. 培养学生的自律能力

由于小学生的年龄比较小，认知水平较低，性格上更为感性化，对纪律的认识程度低，因此在教学中，教师应着重培养学生的自律能力，加强与学生的互动交流，及时掌握学生的思想动态，从而对学生进行全方位的了解。根据学生不同的实际情况，营造良好的班风。在良好班风的影响下，学生能够养成自律、自强、自爱的习惯。当然，教师本人的言行对班风的影响也不容小觑。因此，教师应在日常教学管理中注意自身的言行举止，通过言传身教的方式来为学生做榜样。在德行方面，保持谦虚谨慎，与学生进行平等交流。在教学中，以自身为案例，教育学生勤俭节约、尊老爱幼，更好地对学生的思想品德加以培养。

4. 培养学生的综合能力

教师还应该培养学生的综合能力，不仅仅是学习方面的能力，更是生活能力。例如，帮助学生养成良好的卫生习惯，提高学生的人际沟通能力和理财能力。在教学中，贯彻以学生为主体的教学理念，对于一些学习成绩较差的学生，应给予充分的尊重，可以建立"互助学习小组"，一个学习好的学生带一个学习较差的学生，二者一起学习、一起成长，令学生在和谐、友爱的班风中，强化自身的综合素质。

5. 对学生进行情感教育

情感教育是教育过程中的重要内容，对学生成长具有至关重要的作用，有助于良好班风的建设。情感教育也是班级管理的生命，它是教师在尊重学生情感的基础上，与学生进行的交流和沟通。尤其是小学阶段的学生，他们正处于启蒙发展阶段，在这个阶段对他们进行良好的情感教育，有助于他们正确、积极地看待周边的人和事，形成积极的情感心理，正确、和谐地处理与同学和教师之间的关系，从而有助于良好、有序、和谐、有爱班级秩序的形成，促进班级管理工作实效的提升。班主任要注意语文思想与班级管理及学生思想观念的结合，促进学生成长，发挥学生的主动性，建设良好的班风，提高班级管理实效。

6. 注重教师的言传身教

小学生对于教师的动作习惯及说话方式，都会有着有意识或无意识的模仿。所以，教师应当充分注意自身的形象以及说话的态度。在进行教育活动时，教师应当注意对学生的言传身教。

7. 积极地开展主题班会

小学阶段的学生具有较为强烈的表现欲、学习欲和好奇心。班主任可以充分利用小学生这一特点，利用开展主题班会的形式，促进语文教学工作。目前，大多数班级都会在周一或者周五的最后一节课开展主题班会来达到为小学生创造展示自我的机会、促进小学生积极学习的目的。尤其是主题班会这一较为新颖的教学形式有助于激发学生学习活力。还可以通过开展古诗词朗诵、成语接龙等形式的主题班会，提高小学语文教学效率。

（五）充分发挥学生的主体性地位

1. 让学生在小学语文课堂中发挥自己的潜能

在小学语文教学中，教师要把学生作为班级管理的核心。传统的班级管理目标就是让学生做到遵守纪律、秩序，学会服从。而在现代教育活动中，班级管理完全是以学生为主体的实践活动。满足学生的发展需要，既是班级管理活动的出发点，又是班级管理活动的归宿。班级管理的实质就是让学生在课堂上能够把自己的潜能展现出来，感受到自己在课堂上的主体地位。

2. 确立学生在班级中的主体地位

在小学语文教学的课堂上，以学生为主体性地位的班级管理活动已经越来越被更多的学校认同，发展学生的主体性是学校管理的宗旨。当今的班级管理强调以学生为核心，教师要尊重学生的想法，让学生能够在课堂上充分发挥自身的才能，能够让学生在班级自我管理中展现出自己的主人翁精神。教师要建立一套能够让学生持久地保持主动性和积极性的管理机制，确保学生能够在该机制的管理下更加持久地发展。例如，教师可以在小学语文教学的课堂上，让学生以自身为主体，进行情境模拟展示。这时，学生就是课堂上的主体，而教师则是课堂上的引导者。

3. 选拔班级干部，树立带头作用

榜样的力量是无穷的，要合理地利用榜样的力量来进行班级的管理，达到合理的班级管理效果，就需要教师根据学生的组织管理能力、语言表达能力、思想道德水平和学习知识能力四个方面进行综合考量，然后在所有的学生中选出各方面相对优秀的学生作为班级干部，以此在学生中树立良好的学习榜样，让学生能够以他们为模板进行学习，达到全班学生共同进步的最终目的。

4. 有目的地训练学生的班级管理能力

教师可以在班级中实行班干部轮换制，让班级中的每位学生都有机会得到有效的锻炼。教师要学会以训练学生自我管理能力为主的班级管理制度，把之前以自己为中心的班级教育活动转变为学生的自我教育，把班集体作为学生自我教育的主体。例如，可以在班上多增添几个干部职位，尽量让每位学生都有机会尝试担任班干部，把他们自身的能力展现出来。

总的来说，班级管理活动对于小学语文课堂教学非常重要。班级管理活动

机制的确立，可以让学生在课堂上意识到自己是课堂的主体，可以让他们在学习语文知识的时候更加自信，这样有利于激发他们的学习兴趣，能够提高他们的语文学习成绩，从而提高课堂教学质量。所以，每所学校都应该注重班级管理活动在课堂上的实施，这会对学生的人生发展产生很大的影响。

第六章

小学语文课堂教学评价

6

第一节 小学语文课堂教学评价的形式

课堂教学评价是对课堂教学全面透彻的分析和总结。它不单是对教学效果进行鉴定，更重要的是还有助于教师对课堂教学进行再认识和再提高，以便总结课堂教学经验，改进和革新教学方法，最终实现最佳的教学效果。

评价本身是一种操作过程。评价课堂教学主要有两种形式，即自评和他评。

一、自评

自评是课堂教学评价中最重要、最常用的评价手段。一堂课教完，不论别人做何种评价，教者自己总会有个"自我感觉"。如果把这种"自我感觉"分析得细致深入些，就实现了教师的"自我评价"。所以，从本质上说，任何一堂课都不可能没有"自我评价"，只是程度不同而已。

自评的方法有很多种，看录像自评和写教后记自评就是两种行之有效的自评方法。

（一）看录像自评

有条件的学校，每学期都应给教师录制一节自己的课堂教学录像。教师通过观看自己的课堂教学录像，对教学过程中的教态、语言、板书、教学内容的安排、驾驭课堂的能力、启发和引导学生学习的策略等进行分析后做出评价，可以为以后在教学实践中扬长避短，找出提高课堂教学效率的途径和方法提供理性经验。

（二）写教后记自评

在日常教学工作中，很多教师往往只重视备课、上课，却忽视了教后的教学反思，即写教后记。这就使课堂教学过程中闪现出的"亮点"因缺少及时总结而失去了增值的机会，而"缺点"也因缺少及时反省而失去了探究和改进的时机。这非常不利于教师提高自身的业务能力。因此，教后记应成为教学工作的有机组成部分和教师每节课后必不可少的补充工作。教后记不需要长篇大论地对教学过程进行全面评价，用三言两语提出独到见解即可。许多教育名家谈教学评价时都提出青年教师要准备一本"一得录"写教学随笔，其实就是在说教师进行自我教学评价的作用。

自评是一种容易实施又大有裨益的评价形式。自评可以促使执教者进行积极的自我反馈、自我鉴别、自我总结、自我调整，非常有利于课堂教学技艺的精益求精，因此值得大力提倡和运用。

二、他评

他评是指导课堂教学最直接、最有效的途径，主要是指参与或观摩课堂教学的人对课堂教学进行的评价。学校领导评、听课教师和专家评是教学工作中最常见的他评形式。

目前，学生评、家长评等形式也已逐渐加入课堂教学评价中。

（一）学生评

教师的教学对象始终是学生，学生始终是教学效果最直接的体现者。因此，让学生参与课堂教学评价是一种革新课堂教学评价的好形式。学生对课堂教学的评价，可通过问卷、座谈的形式进行。让学生参与课堂教学评价要把握好适时适度原则，不能过多，更要引导学生不说空话、套话。只有这样，才能收到好的效果。

（二）家长评

教育需要学校、家庭、社会相互合作。近年来，许多学校每学期都安排"家长开放日"邀请家长到校听课，但很少有学校让家长参与评课。我们为什么不设计一张"家长评课表"让家长也参与评课呢？评课内容可根据实际需要确定，如教师素质、教学过程、教学效果、听课体会等。虽然家长的评价不一定很科学，但他们的评价还是会给教师今后的工作提供帮助。因为，我们的教育需要不同职业、不同层次的人进行评价。此外，家长参与评价还能提高他们的辅导能力和对教学的认识水平，并加强他们和学校的联系。

（三）初中教师评

小学教育和初中教育是义务教育的主体。目前，"如何做好小学教育的衔接"已经成为教育界的一大热门课题。教师是做好小学教育衔接工作的关键。小学教师要在培养学生能力方面达成共识，共同探讨教学衔接问题。邀请初中语文教师评价小学语文课堂教学，可以对小学语文学科的顺利衔接起到推动作用。

评价课堂教学是学校教学管理的一个重要环节。教师除了要对评价内容、评价原则等进行研究外，还应人人参与，不断探索新的评价形式。

第二节 课堂教师评价语言

课堂提问是课堂教学中对学生进行思维训练和语文训练的重要方法与手段，要取得良好的效果，评价必不可少。所谓评价，即评定价值或评价价值，是根据一定的标准对客体需要及其程度做出判断的过程。那么，评价语言就是指教师在课堂提问后对学生回答情况进行分析评价时的语言。课堂教学中的教师评价语言，是沟通师生情感、智慧、兴趣、态度的桥梁。随着新一轮课改的不断深入，一些评价新理念已走进课堂，小学语文课堂中教师的评价语言开始发生了质的变化。

一、教师课堂评价语言常见的误区

（一）评价语言的含糊性

"很好""非常好""棒极了""大家表扬他"是一些教师课的流行语。殊不知，这样的评价很含糊，"好在哪"有几个同学能领悟呢？教师只有融合课文语言环境评价来弥补这种不足现象。例如，一位教师在教《石榴》一文第4自然段时是这样做的。

师：你能读好这段的第一句话吗？（玛瑙般的子儿一颗颗紧偎在一起，红白相间、晶莹透亮。）

生读得很有感情。

师：你读得真好，不仅读出了石榴子儿的"红白相间""晶莹透亮"，也读出了子儿的亲热。

这样的评语既是对该生朗读的肯定，也对其他学生无痕化地做了朗读指导，比机械地找出重读词语朗读要有效得多。

（二）评价语言的急切性

在小学语文教学中，教学活动的主体——小学生，由于其年龄特征和身心发展的独有特点以及其表达语言和思维方式上的特点，他们往往需要较长的时间才能够表述完自己对问题的见解，有些教师由于本身的性格特点，或者是为了提高课堂知识传输的速度，经常会急忙地下结论，轻率地评价"对"或"错"，或者过早地对一个可能有多个答案的问题给予终结性评价，这样就会扼制其他学生思维的空间，无法发现教学中存在的诸多问题，丧失了许多培养学生创造性思维的宝贵机会。

（三）评价语言的随意性

评价语言的随意性已成为小学语文评价中的一大公害，教师一味地盼望学生进步，害怕学生犯错误，常常只盯着学生的缺点和问题不放，而忽视了学生身上的闪光点，一旦发现问题的苗头，便不顾及学生的心理承受能力和自尊心，加以批评指责，有的甚至用讽刺性、挖苦性的语言，严重伤及学生的自尊、自信，扼杀了学生的个性和创造意识。有时候，这种随意性评价语言对学生的伤害甚至会延及一生。这样的情况是屡见不鲜的。随意性的评价语言，漠视了学生的主体意识，严重挫伤了学生思考的积极性。

（四）评价语言的冷漠性

有的小学语文教师对学生课堂答问的评价语言冷漠淡然，缺乏感情，没有考虑小学生的身心发展特点，不能很好地调动学生的积极性，激发学生的学习兴趣。究其原因，在于教师对学生缺乏尊重，缺乏热情和鼓励，缺乏真情感情的评价语言，学生只会毫无感觉，得不到热情和激发。冷漠性的评价语言，不仅挫伤学生的学习积极性，而且在这样的一种情境中，长此以往，对学生的性格、兴趣也会有许多不良的影响。

（五）评价语言的浮夸性

有的小学语文教师对学生课堂答问的评价语言不切实际，过分拔高，容易使一些学生飘飘然，滋长学生自满的情绪，也容易造成学习上的混乱。最常见的就是在小学语文教学过程中，有的教师对学生的回答给予众多浮夸的评价，极尽溢美之词。这样，评价语言就走向另一个极端，在这样的情境中，学生会有一种不踏实感，学习知识也会流于表面，不积极主动地开动脑筋去探索、思考，形成思维空间的抑制，这样不利于学生进一步学习，降低了学生学习的深度。

（六）评价语言的武断性

教学是一种对话，对话中既没有无所不知的圣人，也没有完全无知的愚人，师生双方的地位应该是平等的，要在对话中相互尊敬、相互学习。可是，在实际教学中却往往很难做到。有的教师没有足够的耐心倾听完学生的心声，用武断性的评价语言去评价学生的回答，封杀了学生独特的见解和张扬的个性。

（七）评价方式呆板化

新课程背景下，教师基本上能在课堂教学中注意评价这一环节，但令人遗憾的是，评价除了语言还是语言，没有其他花样。应该说真诚的评价是心与心的交融，是情与情的碰撞。所以，教师和学生在用语言评价他人时，应再投以一个微笑、一个点头、一个眼神、一下抚摸、一片掌声，这样能使被评价个体获得更多的心理满足。

二、教师课堂评价语言的原则

针对上述教师评价语言的种种误区，怎样才能使小学语言课堂上的教师评价语言更具魅力呢？笔者总结了一些相应的处理原则，希望可以使教师评价语言这一法宝能够更好地起到激励学生进一步学习，促进其长远发展的作用。

（一）针对性原则

《义务教育语文课程标准（2011年版）》指出："对学生的日常表现，应以激励、表扬等积极的评价为主，采取积极性的评价，尽量从正面加以引导。"但这并不表明课堂上必须都是这类的评价语言，当然也不能出现反面批评、打击的语言。真正意义上的评价语言，需要教师关注课堂上学生语文学习的状态，给予实事求是的分析，恰如其分的描述；真正意义上的评价语言，并不隐藏学生的错误与缺点，肯定该肯定的，尊重学生自己的感悟和见解，引导该引导的，对学生出现的错误进行价值引导，这样才能体现对学生的尊重，让学生真正信服。当学生答错题的时候，教师要指出错在何处，给他们提供反省、自我纠正的机会。这样，不但有效地保护了学生的学习积极性，而且有助于学生改正错误，树立信心，可以收到良好教学的效果。当学生回答问题精彩的时候，教师的评价语言也不能流于表层，要指出具体精彩在何处，精彩的理由。这样，学生才能恍然大悟，有助于学生进步。如特级教师贾志敏对学生的评价语言准确又得体。他能因人而异、具有针对性地做出不同的评价，而这些评价又恰恰能给学生以提醒或纠正。在他的课堂中，可以听到他这样一些评价语言："你读得很正确，若声音再响一点点就更好了。""读得真好听，老师要感谢你的爸爸妈妈给了你一副好嗓子，不过要是加上表情就更加能传情达意了，不信，你试一试！""读课文应大大方方，别缩头缩脑呀！""这个字念得不够好，跟老师再念一遍。"这些贴切的评价语言客观地指出了学生的长处及存在的缺点，让学生的朗读一次比一次好。

笔者曾听一位教师教学《美丽的小路》，教师的评价语言精彩而富有针对性，下面是教学片段。

师：（投影出示句子：美丽的小路不见了。）这时你的心情怎样？你会怎么读这句话？

生1：（皱着眉头，满脸不高兴地读起来。）

师：哦，你看到美丽的小路不见了，很难过！

生2：（一脸惊奇，速度较快地读。）

师：是呀，才几天不见，美丽的小路怎么会不见了呢？真的很令人惊奇。

生3：（左顾右盼，好像在找什么，"不见了"读得特别慢。）

师：你还想再欣赏一下美丽的小路，可是看不到了，你很失望。

生4：老师，我和他们读得不一样。（读句子。）

师：呀，你看到美丽的小路不见了，心里多着急呀！

师：同一句话，小朋友们能读出这么多的意思，真不简单呀！

有感情朗读应该是带有浓厚个性化色彩的，同样的一句话，四位学生的情感体验不同，教师的评价语言也因人而异，这些贴切的评价语言客观地指出了学生的长处。

（二）延缓性原则

延缓性原则就是指教师对学生正在讨论的问题，不立即给予肯定或否定评判，而是以鼓励的行为方式或语言，让学生畅所欲言，然后选择一个适当的时机说出自己的见解和主张。在日常的小学语文课堂教学中，教师不应该对学生的发言回答过早地下结论，尤其是对一个可能有多个精彩回答的问题给予终结性评价，以免浇灭其他学生思维的火花。

（三）激励性原则

教师的提问是精心设计的，但学生的回答却可以五花八门，可能并不是教师所期待的，甚至有时候，学生的回答与答案大相径庭。此时，教师很可能大动肝火，不考虑学生的心理承受能力，对学生进行严厉的批评、打击，挫伤学生的自尊心。这种随意性评价语言的危害，可想而知，学生的回答是学生依靠已学知识，经过记忆、联想、加工而产生的，是一种创造性的劳动，即使有时回答得不尽如人意，教师也不该随意地对待，用指责性的语言去评价学生。每位教师都应该尊重学生的这种创造性的劳动，善于从每位学生的回答中找出闪光点，给予充分的肯定，坚持正面引导、鼓励为主的原则，激发学生学习的主动性与积极性，燃起学生求知的欲望。如："谁敢说我是班上朗读最好的？""好，大胆地站起来读吧！""老师相信你一定是我们班读书最棒的同学！"这些激励性的话语我们在教学中经常使用，学生也正是在这些语言中体会到自信的快乐，他们大声地读，快乐地读，向老师展示着"我能行"。老师的一句句激励的话语，唤起了学生心中的憧憬，点燃了学生自信的火花。如："目前为止，他是我们班上读得最好的，谁能超过他？比他读得还要好？""你现在暂时没他读得好，但是只要努力，你一定会读得比他更好！""你来读吧，你一定可以读得很好，不用紧张，展示一下自己。""瞧，你不是读得很好吗？要有信心。"

著名特级教师于永正在一次公开课上不经意间听到一位男同学读课文，这个男孩音质悦耳，吐词清晰，抑扬顿挫中把课文读得正确、流畅而又声情并茂，让人有身临其境之感。于老师听完他的朗读后马上走上前去，微笑着和这位男同学握了握手，无比诚挚地说："你读得太好了，播音员也不过如此。在读这一课上，我不如你，我和同学们还想再听你朗读一遍。"话音未落，听课的老师和同学们顿时报以热烈的掌声，这掌声既是送给有精彩表现的学生，更是送给对学生进行激励评价的于老师。但是，教师评价语言的激励性也要适而有度。现在有些教师上公开课，不论学生回答的好坏，总是按照预先设计好的激励性评价语言表扬："你真棒！""你回答得真好！""老师很喜欢你！""你真了不起！"弄得听课老师和学生心里都不是滋味。奖赏要与学生实际付出的努力相一致，使他们无愧于接受这个奖赏。如果因他们完成了一些很容易的任务而大加赞扬，尤其在中高年级，则不仅难以提高他们的自信，反而会增加他们的自卑，因为这会被同学认为是无能的标志。所以，赞扬要适而有度，只有客观的、恰到好处的表扬鼓励才显得可贵，才能深深地打动学生，成为学生学习内在的、长久不竭的动力。

（四）情感性原则

情感是人们对客观事物在心理上和态度上产生的反应，积极的情感能够使语文课堂充满人文魅力。童年世界是情绪化的世界，外在的刺激直接影响儿童的情感。一位优秀的教师应该把握学生的年龄特征，在学生回答问题时，给予适时、适度的表扬以及鼓励和赞许的语言，让学生获得一种愉悦的心情，产生积极的情感体验，最大限度地调动学生语文学习的积极性。教师的评价语言必须是发自内心的，对学生的赞美一定要真诚而亲切。只有发自肺腑的表扬，才能触动学生的心灵，增强他们学习的动力。因此，在实际的小学语文教学中，教师应该努力寻求学生回答问题的闪光之处，用饱含热情的话语、真诚的语言去评价学生，这样不但能够提高学生的学习兴趣，还有助于培养他们积极向上、自信的人格，使其更加具有朝气和活力。如一次作文讲评课上，一位同学把自己的作文念完了，教师是这样对他说的："我在想，小明同学呀，此刻在外打工的母亲一定听得见你面对全班同学向她表达着你的感情，一定能够听见的！同学们，这篇作文是老师批改的最后一篇作文，老师没有料到，最后一篇作文是如此令我感动。当时，读完它后，我不禁潸然泪下！我为你的母亲而感动，老师相信你不会令你的母亲失望的！"此时此刻，学生受到的激励不只是学习上的，更是精神上和人格上的，也不只是小明一位同学，更使全班同学都沉浸在一种向上的积极的情感濡染之中。

（五）客观性原则

虽然语文课程标准中明文指出，对学生课堂答问的评价应该尽量从正面加以引导，以鼓励、表扬、赞赏的评价语言为主，但是，这并不表示对学生课堂答问的评价语言要用很多浮躁的溢美之词来修饰，反而忽视了实际情况。对于学生课堂答问的情况应该给予客观性的评价，从实际出发，恰如其分地运用评价语言，指出回答问题好在何处，应该如何改进会更好。

（六）适时性原则

教学是师生间的一种人文对话，师生间理应相互尊敬。教师在倾听学生回答问题的时候，应该保持最起码的尊敬，尤其作为教师，不要以为自己是教学中的权威，高高在上，对学生拥有绝对的统治权，可以随时喊停，随时、随意地评价学生，抑制学生的思维，抹杀学生的个性，造成评价语言的武断性。优秀的教师，应该能够尊重学生，耐心地倾听完学生的见解，详加考虑学生的发言，选择适当的时间，给出适当的评价语言。教师课堂教学评价语言应该因环境、因事、因人而改变，用自己内在的魅力创造性地对学生进行适时评价，激励学生积极地参与到课堂教学活动中，使教学达到令人难以忘怀的境界。如在一次语文课上，学生正在朗读课文时，外面突然下起了倾盆大雨。学生的视线几乎全部转向了窗外，只有几个孩子在聚精会神地读着。于是，教师表扬了其中一位认真朗读的孩子："同学们，这场大雨在为我们班的同学祝福呢。你们看××同学读得多么认真，他被书中的语句所吸引，竟然没有发现窗外世界的变化。而你们呢，对外面的大雨很感兴趣，咱们把这节课上完，下课后我们再到外面观察，满足你们的好奇心，好不好？"这时学生又积极地读起来，不知不觉中又达到了一个教学的高潮。这种评价语言既适时又充满着教师的教学智慧，效果令人满意。

三、解决教师课堂评价语言误区的对策

（一）教师课堂评价语言应该简洁、准确，让学生听得明白

教师的课堂评价语言应该客观地指出学生回答问题的长处和存在的缺点，语言要简洁，不模糊，具有针对性，对于需要特别强调的地方要讲得明白，让学生听得清楚。除了语言的简洁，准确性是评价语言的灵魂。没有灵魂，教师的评价语言就没有了生命力，无论教师说得如何生动，如何有吸引力，都是苍白无力的，所以教师评价语言的准确性就显得尤为重要，既不能一味地肯定评价，也不能一味地批评，要让学生知道好在何处。而传统的教师课堂评价语言有一个共同的特点，就是欠缺准确性。准确的评价语言针对性强，能够提醒学生，及时帮助学生纠正错误，提高学生的思维水平与回答的质量。因此，教师的课堂评价语言要自然而然地运用好针对性、客观性的原则，首先就要力求做到准确。

（二）教师课堂评价语言应该生动、幽默，富有情感性

幽默的语言是一种才华，更是一种力量。它是现代课堂教学中难能可贵的品质。它打破了课堂枯燥的局面，使整个教学过程达到师生和谐、充满情趣的

美好境界。在小学语文教学过程中，教师要善于在恰当的场合、恰当的时机，巧妙地运用风趣的语言评价学生。这样不仅提高了教学语言的品位，而且优化了课堂教学效果。

教师的课堂评价语言要注意融入情感教育，做到心诚意切，对学生高度负责。评价语言真诚，使学生不但获得精神上的支持，还获得情感上的满足，这就要求教师要了解学生、倾听学生，用实事求是的评价语言去肯定学生回答问题的主动性，这样才能唤起他们的学习激情，从而产生莫大的兴趣和动力。教师绝不能随意否定学生，因为气可鼓而不可泄。

古人云："良言一句三冬暖，恶语伤人六月寒。"教师的评价语言应该像温暖的阳光、和煦的春风，去催开学生的心灵之花，去抚平学生的心灵创伤。还应注意评价语言对学生的爱护和尊重，促使学生形成积极向上的人生态度与感情体验，让教师的课堂评价语言焕发出生命的魅力。

（三）教师课堂评价语言应该适时、适当，富有人文性

语文课程标准中指出："工具性与人文性的统一，是语文课程的基本特点。"语文教育的人文性最主要体现在"以人为本"的教育理念中：承认个性差异，尊重个性的健康发展。在小学语文课堂教学过程中，教师评价语言要灵活地运用延缓性和适时性原则，尊重学生的独特体验和个人感受，为每一位学生提供富有个性的思维创造空间，给予他们展示自我的机会。教师切忌用急切性的评价语言，抑制学生积极思维的空间。在深化教育改革的今天，应多给学生提供创新思维、展示自己的机会。冷淡、责怪、不适当的评价语言往往会挫伤学生的自信心，花费很多时间和精力去苛求学生，不如用一点心力去发现其优点，并以此鼓励他们，让学生体验成功的滋味。在表扬激励的同时，用其可接受的方式指出他们的不足，而又不挫伤他们的自尊心。学生在发现自身不足的同时，感受到了浓浓的师爱，更得到了向上的力量。让我们用恰如其分的表扬、充满关怀的批评、满怀希望的鼓励，为我们的小学语文教学创造一方和谐、融洽的真情空间。

第三节 语文教师评价语言的运用

一、评价语言要有适度的激励性

激励性的教学评价语言是学生学习信心的"催化剂"。现实生活中，每个人的内心都渴望得到阳光；课堂上，不管哪个学生提出问题或回答问题后，总是希望得到教师的肯定与赞扬，因此，教师评价语言中要尽可能多一些赏识和鼓励，这样才能充分调动学生学习的积极性、主动性，使学生有被认可的满足感和成就感。为了让学生品尝到学习的快乐和成功的喜悦，教师在评价时要睁大眼睛寻找学生的闪光点，不吝言辞地给予热情的鼓励。

二、评价语言要具有生成性

"生成"是新课程倡导的一个重要教学理念。新课程，鼓励师生互动中的即兴创造，以超越预设的目标和程序。因此，课堂教学中，教师要有强烈的资源意识，去努力开发、积极利用生成性资源；要善于抓住课堂上的每一个契机，用自己的评价语言去引领课堂中的精彩生成。

如一位教师在课堂上组织学生听写词语，其中几位发展水平不一的学生被教师请到讲台前写在黑板上。听写结束，大家对照课文找错误，一个女生在黑板上把"一户人家"写成了"一尸人家"，把"鸟儿"写成了"乌儿"。老师没有批评女孩，而是笑着对大家说："今天的听写完成得很好，有的同学写错了能自己发现、自己改正。有趣的是这些写错的字，它变成了另外一个字。你们看这'一户人家'的'户'，头上少了个点就不是'户'了，而叫作'尸'，'死尸'的'尸'。这个点就像脑袋一样，一个人脑袋掉了还能活吗？不就成'死尸'了？（孩子们开心地笑了）再看这个'鸟'字少了一点，

159

就不是'鸟',而变成'乌',是'乌黑'的'乌'。这一点就像是鸟的眼睛,鸟儿眼睛没了,不是就乌黑一片,什么也看不到了!(孩子们笑得更欢)小朋友,你们看我们的汉字多么有趣啊!"

这分明是学生错写了两个字,可教师及时捕捉到了这一教学契机,充分利用学生的错误,生成了新的教学资源。教师的那些评价语言既保护了学生强烈的自尊,又引导了课堂的生成。

三、评价语言要形成导向性

(一)教师的评价语言能指导学生掌握正确的学习方法

评价的重要功能之一就是导向性,好的导向性评价能起到画龙点睛的作用。在课堂教学中,对于来自学生的反馈信息,教师要善于巧妙地点拨、引导,指导学生掌握科学的学习方法。如在学生读书时可以这样评价:"古人说,读书时要做到'眼到、口到、心到',我看,你们今天达到了这个要求。"读完后可以说:"读得非常响亮、流利,如果速度再放慢些,并掌握语气,同学们会更佩服你的,继续努力!"

又如特级教师王崧舟在执教《我的战友邱少云》时,在一位学生朗读后指出:"你已经理解了,但是光有理解没有感受不行,光有感受没有感情更不行,请你再带着感情读一读。"学生思维自然活跃升华而灵光闪动,当再一次朗读时,读得入情入境。王老师短短的几句评价语言,有效地指导了学生的朗读。

如在教学《穷人》一课时,教师引导学生质疑,有的学生提出:"文中的'温暖'和'舒适'用得不够准确。"有一位学生说:"我觉得,'温暖'和'舒适'用得非常准确,因为小屋跟外面相比是温暖而舒适的。"此时教师没有评价学生,而是随即引导:"有道理!你们能联系上下文的内容来思考,具体说说吗?"教师的评价语言让学生知道了联系上下文来理解课文内容的学习方法。

概括性的评价语言能帮助学生厘清学习思路,概括学习方法,掌握知识要点。在听一位教师上《凡卡》这一课的时候,教师问:"同学们在什么情况下需要写信呢?"学生说:"我给好久不见的亲人写信。"教师点评:"表达思念之情。"学生说:"我心里不愉快的时候给我的朋友写信。"教师点评:

"倾诉烦恼。"学生说:"我在遇到快乐事情的时候给好朋友写信。"教师点评:"分享快乐。"学生说:"在过新年的时候,我给亲人写信。"教师点评:"节日祝福。"教师的点评精辟到位,高度概括。

（二）教师的评价语言能指导学生形成正确的人生观

《义务教育语文课程标准（2011年版）》在教学建议中指出:要"重视情感、态度、价值观的正确导向,培养学生高尚的道德情操和健康的审美情趣,形成正确的价值观和积极的人生态度"。

一位教师教学《小露珠的梦》一文,开课时要学生先谈谈自己有什么梦想,学生踊跃发言,有的想当老师,有的想当警察,有的想周游世界,还有的想成为宇航员……答案可谓精彩纷呈。突然一位男生站起来说:"我的梦想是当神仙。"听到这个回答,教师明显一怔,但他很快走到男孩身边,微笑着说:"你的想法很特别,那你认为现实生活中有神仙吗?"男孩答:"没有。"教师顺势引导说:"那就很遗憾,看来你的这个梦想是无法实现了。"很显然,课例中男孩的回答是缺乏合理性的,也是教师始料不及的。但对这个独特的回答,教师既没有热情赞赏,也没有断然否定,而是通过适度评价（想法很特别）和适时引导（现实生活中有神仙吗）,使学生自主意识到自己价值取向的问题,从而纠正了他的人生态度和价值观上的错误倾向。在这一教学细节中,教师就是机智地运用了教学评价语言的导向性,成功地生成了课堂的精彩。

四、评价语言要机智有趣

充满机智有趣的评价语言,不仅能促进学生思维的敏捷和灵活,更能使课堂妙趣横生,充分调动学生学习的积极性。

在特级教师的课上,我们常常能听到学生和听课老师发出的一阵阵笑声。这些笑声在很大程度上源于教师幽默式的言语评价。如一位特级教师执教《小稻秧脱险记》一课,文中写到杂草被大夫用除草剂喷洒过后说:"完了,我们都喘不过气来了。"有一位学生朗读这句话时声音非常洪亮。老师笑了笑说:"要么你的抗药性强,要么这除草剂是假冒伪劣商品,来,我再给你喷洒一点。"同学们和听课老师都笑了,该同学也会心地耷拉着脑袋有气无力地又读了一遍,这次读出了效果。这样的幽默评价调节了课堂的气氛,能激发学生的兴趣,能启迪学生的智慧,让学生在和谐愉悦的氛围中得以发展。

关注细节的教学，必定是成功的教学；关注评价细节的教师，必定是成功的教师。教师精彩而恰当的评价语言就好比春雨"随风潜入夜，润物细无声"，对学生会产生潜移默化的影响。

教师精彩的评价语言，虽然不是磁铁，但可以牢牢吸引学生；虽然不是蜜糖，但能让学生感觉到甜蜜；虽然不是矿产，但能开发出无穷的资源；虽然不是航标，但能给学生指引正确的方向。它能让我们看到学生灿烂的笑脸，体悟到学生飞扬的个性，感受到学生快乐成长。

第四节　语文学科教师教学评价方法

一、评价目的

《义务教育语文课程标准（2011年版）》指出，语文课程评价的目的不仅是考查学生达到学习目标的程度，更是检验和改进学生的语文学习与教师的教学，改善课程设计，完善教学过程，从而有效地促进学生的发展。学科教学评价是学校教学常规管理的一项重要内容，一个不可或缺的环节。教师是新课程的实施者，通过对教师教学的评价，检验和改进教师的学科教学，促进教师教学行为和学生学习行为的改变，不断引领、规范学科教学，推动学科课程改革，提高教学效果，并有效地促进教师的专业成长，最终促进学生的发展。学科教学评价要符合义务教育的要求，有利于实施素质教育，有利于教师和学生的发展。

二、实施原则

（一）可行性原则

教学评价标准应当具有可操作性，应当符合当前教育改革的发展趋势，应当满足当前社会的迫切要求。

（二）发展性原则

语文教学评价要求教师用科学的发展观指导自己的语文教学实践，不断拓宽自己的视野，关注学生的发展。因而，语文教学评价也应遵循发展性原则，不断推陈出新。让教学评价成为改进教师教学、学生学习，促进学生发展的有效手段。

（三）主体性原则

教学过程是师生共同活动的过程，教师是教学活动的主导，学生是教学活动的主体，评价教学的焦点也应从教师的"教"转移到学生的"学"上面，一切教学内容和教学活动都要为学生的全面发展服务。

（四）全面性原则

评价中，不仅要评价教师的课堂教学，也要注重评价教师的备课、批改、辅导等教学环节；既重视教师的教，又关注学生的学。要着眼于教师全面的专业成长，更要促进学生在知识与技能、过程与方法、情感态度与价值观等几个方面和谐发展，从而突出语文课程评价的整体性和综合性。

三、评价内容和标准

（一）备课

认真备课是上好课的前提，是保证教学质量的重要环节。任课教师必须在熟悉课程标准、熟悉教材、了解学生的基础上认真备课。备课时要注意知识的准确性，重视应用与实践，注意适当联系社会生活，注意学生学习方式的转变。要通过备课程标准、备教材、备学生、备方法、备过程、备资源，做到心中有目标，眼中有学生，手中有方法。

1. 个人备课

①要有强烈的事业心和高度的责任感，认真钻研课程标准和教材，熟悉教学内容和知识体系，深入了解学生状况。②合理、恰当、全面地确定教学目标（学习目标），明确重点、难点和关键，确定突出重点、突破难点的措施。③精心设计教学程序和步骤。④根据教学内容和学生实际选择恰当的教学方法与学习方法，设计教师活动和学生活动。⑤有针对性地设计课内练习、形成性检测和课内外作业。⑥明确分类推进的对象和措施。⑦通演教材习题和课内外作业，配备好教具和学具。⑧根据上述要求，提前一周写好教案，教案应包括课题、课时、教学目标、教学重难点、教学辅助手段的使用、教学环节、教学内容、教学方法与学习方法、教师活动与学生活动、板书设计等项目。

2. 集体备课

集体备课是校本教研的主要形式之一。集体备课是发挥每位教师的积极性、创造性，用集体智慧使备课更科学、更有效的方式，是保证教学质量的手段，也是促进教师成长的好方法。①教师要积极参与集体备课。完成自己的分工任务，在集体备课过程中能积极发表不同意见，提出有价值的问题，并与同组教师共同研讨，虚心汲取他人之长。②在集体备课的基础上，教师要结合班级学生特点及个人教学风格进行复备，不应照搬照用公用教案。③听课、评课是集体备课的继续，是促进教师业务学习和提高的重要途径之一。

（二）上课

课堂教学是教学工作的基本形式，是提高教学质量的中心环节。语文课堂教学评价的基本要求如下。

1. 教学目标明确

教学目标的确定要体现语文课程标准的三维目标要求，将课程标准的要求、教材的实际和学生的需求结合起来，既重视学生基础知识的学习、基本语文能力的培养，更重视学生学习过程的表现以及学习习惯的养成和学习方法的掌握。目标的落实有利于学生的自我认识、自我调整、自我完善，做到具体、可行，便于在课堂上落实完成。

2. 教学内容充实

深入地理解和把握教材，重点确定合理，难点突破自然，疑点排除及时。课堂教学内容深度、广度适宜。技能的训练科学，学习过程符合学生的认知规律，具有层次性和条理性，展开有序，学生活动时间充分。

3. 教学方法合理

教学方法选择恰当合理，能激发学生的学习兴趣，能体现课程标准提出的教学理念，运用多种教学方法和教学手段对学生进行启发、引导，教学目标的达成度高。

4. 教学技能纯熟

教师的教学基本功好。教学语言规范、准确，有表现力和感染力。教态自然，举止大方。能因势利导地应对教学活动中的各种情况，具有较好的教学机智，课堂教学的预设与生成相辅相成。

5. 教学效果明显

能完成既定的教学目标。学生积极参与教学活动，乐学善思，在掌握了相关语文知识的同时，学会了相应的学习方法，激发了学生学习语文的兴趣。不同层次的学生都有进步。

（三）作业与批改

作业是课堂教学的继续和延伸，作业是促进学生牢固掌握基础知识，运用基础知识，培养学生分析问题、解决问题能力的必要手段，也是检验教学效果、改进教学工作的必要措施，必须重视作业的布置、批改、总结。作业的形式除了书面作业外，还包括实践活动等。布置作业有以下几点要求：①教师要根据教学内容，有针对性地精选适量作业题。作业题要注意典型性、启发性。作业题要有利于巩固所学知识。②严格控制作业量。③作文作业必须认真批改，批改量依据教师工作量等因素确定。作文每学期不少于7次，可以教师批改，也可以指导学生评改，提倡教师指导学生自我修改作文、学生互相评改作文。④作业必须讲评。共性问题在全班讲评，个性问题个别讲评。⑤作业必须抓规范化要求，培养学生严谨的学风。鼓励学生独立完成作业。⑥作业要记载成绩，作业成绩作为期末考查学生平时学习的依据之一。

（四）辅导

辅导是实施因材施教、分类推进、全面提高教学质量的重要渠道，是教师教书育人的有效环节。辅导有集体辅导和个人辅导两种形式，提倡采取答疑的辅导方法。辅导不仅是知识辅导，还应重视学习思想和学习方法辅导。辅导的重点对象为学习有困难的学生，同时要注意辅导其他学生。对因故缺课的学生要及时辅导，对学习有困难的学生要热情帮助，对成绩优秀、学有余力或有特长的学生要加强指导，提供超前学习或发挥特长的条件。辅导要耐心细致，注意由浅入深、形象直观。辅导要有针对性，要记入教案。

（五）课外学习与实践活动

课外学习与实践活动是课堂学习的延续、补充和扩展，是学习知识、巩固知识、发展智力、提高能力的重要途径，是提高素养、发展特长的重要途径，必须给予高度重视。语文教师应有能力组织读书、书法、朗诵等课外活动小组，或者组织校园文学社。课外活动小组要做到组织落实、计划落实、活动落实、指导教师落实。要定期举行讲座或成果展示活动。学校应把教师主持开展课外学习实践情况纳入对教师的业务考核之中。

（六）教学效果

成绩考核是教师教学工作成效的重要信息反馈手段。成绩考核包括平时教学成绩考核和期末检测成绩考核。平时教学成绩考核和期末检测成绩考核都要记载成绩。对教师教学效果的考核情况要记入教师的业务档案。

四、评价方法

（一）终结性评价

分数评价法：期末考试或升学考试的分数是不可或缺的评价依据，具有客观性和一定的科学性。但不能把它作为唯一的教学评价手段。只有将学生基础、平时考核、终端结果、进步幅度、竞赛获奖和教师的教学研究以及教师的责任感等各个方面进行综合性的量化考核，才能让评价更加全面、准确、科学。

等级评价法：由领导定性评价，或者是其他教师投票评价，或者是由学生或家长打分评价。这种评价法具有一定的激励作用，但是主观性强，比较笼统。

（二）过程性评价

相对于终结性评价而言，对教师教学活动的全过程进行恰当的跟踪评价，建立教师业务档案，这种评价更加全面、准确、科学。

（三）多元性评价

评价包括：终结性评价与过程性评价；量化评价与定性评价；领导评价与专家评价；同事互评与自评；学生与家长评价；对教师教的评价与对学生学的评价。对教师的教学一定要结合实际情况进行多元性评价。评价的最终效果能激励教师提高教学能力，促进教师的专业成长。

第七章

小学德育工作内容

第一节　教育学生学会做人

一、明确做人教育的内容

中国传统历史文化为我国如今的教育提供了最优质的素材，在我们的日常生活中经常会听到外国人对我们传统美德的赞美，这应当归功于我国五千多年历史传承下来的经典文化，其中关于"道德"的部分可以归纳为以下几点。

（一）以善为本的人伦思想

"与人为善"是人际交往过程中最基础的部分，在传统文化中将其视为做人的根本，其特征在于与他人相处秉持真诚、温和的态度：在家中面对长辈时做到尊重、孝顺；面对外人也要持友善的态度。无论是行为举止还是语言方式，都要展现自己真诚的态度。对于交际，我国众多思想家都提出了明确的理论，如儒家的孔子在教导自己的学生时提出"仁者爱人"，倡导与人交流要充满慈爱之心。除此之外，墨家学说代表人墨子也提出过"兼相爱，交相利"的理论，只有充满爱的交往才能使人身心愉悦。回顾历史可以发现，有一大部分伟人和思想家都提出过与人交往的原则，即以友爱之心回报他人之情，在针对一些交往过程中所出现的问题和差异时则需要站在对方的角度重新审视，真正做到"己所不欲，勿施于人"，如此一来，便能建立友好的人际关系。当今社会是文明礼貌的社会，正是由于我国传统的道德文化衍生出现在尊老爱幼、富强民主的和谐社会，我国教育领域应当发扬这种有利于社会发展的人伦思想。

（二）严于律己、宽以待人的为人之道

中华民族传统文化的理论中心在于如何塑造更好的人，而严于律己、宽以待人是为人之道的最佳部分，我国从古至今各种名著、文章都有这八个字出现，而大部分成功人士也都以这八个字作为做人的准绳来不断提升自我，同时

宽厚待人。"严于律己、宽以待人"主张用严格的要求来约束自我的思想和行为，树立谦虚礼让的品格，任何失误都先从自身查找原因，切实做到"躬自厚而薄责于人"。传统道德观还强调人要具备不忮不求的心态，切忌"毋以己拙而忌人之能"，同时也不可以过于自负。

（三）自尊自爱，讲情操、重气节的人格品质

"生当作人杰，死亦为鬼雄"是我国著名女词人李清照在怀念英雄项羽时作的诗句，短短两句亦能体现出项羽的人格，我国五千年历史中有着无数拥有崇高精神品格的能人志士，他们面对邪恶势力宁死不屈，敢于直面危险和黑暗，刚正不阿、为人英勇，这种气节值得后人缅怀和学习。无论是历史故事还是教科书，那些铮铮铁骨、正直善良的人都会得到众人的关注与喜爱，王安石的"在上不骄，在下不谄"、周敦颐的"出淤泥而不染，濯清涟而不妖"、陶渊明的"采菊东篱下，悠然见南山"等都象征着我国历史名人对优秀品格的赞美，也是自爱的表现，人们希望能够成为具备美好品质的人。现如今，世界文化呈现多元化趋势，我国青少年面对着各种国外思想文化的冲击，学校更应当加大传统道德教育的力度。

（四）以公为先的人生价值观

大部分西方国家在发展的过程中注重人文主义精神，主张尊重人自身的价值，而中国在这方面则继承传统道德观念，更加注重人与社会的和谐相处，并在此基础上提出人与国家利益之间的关系，当二者发生冲突时，应当秉持"先天下之忧而忧，后天下之乐而乐"的理念，这是我国爱国思想家范仲淹提出的，强调奉献精神。我国在发展中优先考虑人民群众的根本利益，因此在大是大非面前，我国公民也能够率先考虑他人的利益，并表现出"天下兴亡，匹夫有责"的慷慨之情和社会责任感。在传统封建的历史中，这种思想具有一定的强制性意味，但如今我国社会不断发展，人民深刻意识到自我的价值，并在爱国主义精神的引导下做到"先人后己、先公后私"，这是极为难得的品质，应当通过教育的形式进行传承与发扬。

二、构建"学会做人"教育模式

（一）在目标的设定上要注重基础性

想要树立正确的道德观念，首先要明确道德的基本意义和划分标准，在这

里我们将道德表现分为以下三个具有阶梯性的层次：其一是最基本的层次，即社会所允许的；其二是公民必须具备的道德品质；其三是社会在发展过程中所倡导的道德标准。接受小学教育的学生普遍都在6~12岁，这个时期的学生具有一定的可塑性，并不是发展的最终阶段，经过后续长期的改造与培养会得到进一步的提升，但小学教育作为基础教育时期能够为日后的发展奠定良好的基础，因此在制订教育计划时要充分结合现阶段学生的身心发展特点，并根据达到的表现的层次来开展教育活动。文明社会发展的前提是拥有高素质、道德品质优秀的文明人，而这项重任则落在了教育上，为了构建文明和谐的社会需要以教育为依托，不断提高个人思想素质，进而实现民族的繁荣。

（二）在教育内容安排上要从学生现状出发，呈螺旋式上升

道德从广义上来讲是人与人在交往过程中表现出来的一种社会意识形态，因此在进行做人教育时应当结合实际生活，针对在日常交往过程中所呈现的问题开展道德教育。学生的交往范围和道德水平会随着自己年龄增长而发生变化，因此会出现很多问题，如："在学校如何与同学保持友好关系？""在家中如何处理与兄弟姐妹或父母的关系？""如何跟自己喜欢的异性相处？"

还有诸如此类的很多问题都会影响学生的道德发展，做人教育的提出正是为了帮助学生树立正确的世界观、人生观和价值观，解决一些有争议的问题，在这个过程中需要根据不同阶段学生的特点制定具有针对性的教育目标，要求遵循螺旋上升的原则，循序渐进地引导学生不断进步。

（三）在教育方法的设计上要注重发挥学生主体作用

改革开放以来，人民的生活水平在不断提升，社会更加注重个体的发展，同时人们的社会角色也出现了新的变化，以往过于分散的个体社会逐渐转变为经济利益共同体社会，人们的价值观念也从独立转化为共赢。文化的冲突和思想意识的碰撞使得青少年不再是言听计从的角色，而是拥有自己独特思维的、活生生的个体，面对当今社会学生的发展特点，教育方式也需要做出改良，充分贯彻和落实"以人为本"的教育理念。事实表明，学生的发展需要依靠其主观能动性来实现，因此在教学过程中需要教师积极探寻新的教学思路，调动学生的课堂积极性，进而提高其课堂参与度，促进其全面发展。我国德育专家提出的"参与和引导选择"模式，新加坡的"文化传递法""设身处地考虑法""价值澄清法"和"道德认知发展法"都值得借鉴。

三、"学会做人"教育的实践

（一）确定做人的基本素质要求

做人教育的内容要求简明、可操作性强，并能涵盖做人的基本要求。学会做人，即要做文明人、现代人、爱国的人。

"做文明人"内容要素——守法遵纪讲道德；"做现代人"内容要素——努力学习科学文化知识，有竞争、合作精神和良好的心理素质；"做爱国的人"内容要素——爱父母，爱老师，爱同学，爱集体，爱家乡，爱祖国。

（二）抓关键点

德育专家告诫我们：大工作量、巨细不分和席卷式的德育方式方法固然可以保证最后德育要求的内化，但是，如果能够抓住品德形成的关键点进行有的放矢的德育工作，可以达到同样的德育效果，而后者的德育效率大大高于前者，如学生小组民主生活会、早训以及生活德育修炼等形式。因此，在实施做人教育的过程中应当将工作重心放在德育方面，并将其付诸实践，体现在学生的日常生活中。

实际工作中要注意以下几点。

第一，要明确教育重点，主张多训练，同时加强程序管理。

第二，开辟心理素质教育新领域、新途径。从内容上来看，心理素质教育是十分必要的，教育亦应将其纳入"学会做人"的教育研究中。

第三，在进行思想品德教育时应当科学融入中国传统文化的道德部分，以教育的形式传承民族文化，同时注入新的时代特征，让更多的青少年了解我国历史，做文化的先行者和创造者，加强小学教育的完整性，为社会主义事业的发展培育优秀的接班人。

第二节 加强正确的义利观教育

义利观从广义上来讲是一种经济伦理思想，以往经常表现在商业中，但随着社会的变迁与思想意识的发展，义利观逐渐成为评价一个人行为和意识的一项标准，正确的义利观能够促进个体的发展，而错误的义利观则会影响整个家庭的和睦，甚至影响国家的整体风貌与精神。当今社会人们经常感叹"世态炎凉、利益分家"等，在金钱面前很多人不顾兄弟情谊而出现抢夺、欺骗等现象，严重破坏社会的和平发展，而追求利益最大化仿佛也成了市场经济的本质原则，但事实上，过于偏向"利"也会导致市场发展走向失衡状态，人们为了更多的利益而忽视了"义"，这是最令人痛心疾首的事情。因此需要从根源上解决该问题，树立正确的义利观。

我们日日谈论五千年文明，这文明具体体现在我们身上还有什么呢？先圣前贤对"义""利"的认识倒是一份很好的遗产，其中蕴含的思想资源还是值得我们去挖掘的。孔子说："君子喻于义，小人喻于利。""不义而富且贵，于我如浮云。"孟子有言："义，人之正路也。"圣人们并没有否定"利"之重要，而是有个"义"的前提。正如荀卿说的，"先义而后利者荣，先利而后义者辱"。

人之初，性本善，其中包括义利之善。小学生虽然比较天真朴实，没有严重的利害观念，但在社会转型中，成人的义利观对他们已经有所影响，学校若不加以引导，就容易让他们形成错误的义利观。因此，思想品德课程要教育和帮助学生树立正确的义利观。

一、在小学思想品德教学中注意引导

小学生由于年纪尚小，思想意识并不成熟，因此需要教师根据其阶段性特点来进行循序渐进的引导，这就需要教师通过自主学习、参加培训等方式来提高自身的专业知识水平和业务能力。

在对教师进行培训时需要利用实际示例引导其深入研究教材，正确理解教材中所传达的观点，并进行有效拓展，使教师在对学生进行授课时能够做到有的放矢，以同样的方式引导学生了解理论知识的实际内涵。例如，在讲解政治学中常说的"个人主义"时，可以结合"个人主义"出现的背景和社会条件进行引导，让学生明确了解资本世界的核心，从而认清社会主义发展需要摒弃"个人主义"的原因，并引导其思维朝正确的方向发展；在针对部分抽象的理论知识时，教师可以结合实际进行讲解，如社会主义制度的根本特性，可以从国家、集体以及个人利益的角度出发，不仅能够让学生明确我国社会制度的形成过程，还能树立责任意识，培养义利观。

二、寓教育于活动、榜样之中

在教育过程中不仅要关注学生的课堂效率，还要结合课外活动进行巩固，同时培养学生的探究能力。思想观念的形成并不是一蹴而就的，需要教师进行长期的引导，为了让学生树立正确的义利观，政治教师应当具备良好的思想意识，并在此基础上对学生的思维进行积极引导，同时结合政治教材中的相关内容组织课外活动。课外活动与课内活动的本质差异在于学生的主观能动性，课外活动能够更好地培养学生独立思考的能力，润物细无声地渗透积极正确的思想观念。

面对物欲横流的社会现状，义利观教育刻不容缓，为了帮助学生建立正确的社会价值观应当从全局考虑，明确"义"和"利"的本质，"利"即劳动成果，"义"则是合理的分配结果。传统文化中讲究"见利思义"，明确成果是否合理，若不合理分配则不可取，其本质在于重义轻利，这是我国封建时期便存在的理论，以公正廉洁为做人之本，如今社会主义社会更应如此。

第三节　加强遵纪守法教育

遵纪守法，讲究文明礼仪和诚信是做人最基本的素质，必须从小学生抓起，否则，年龄大了，养成了违法乱纪、目无法纪、不讲文明礼貌、处处事事弄虚作假的习惯，就会令学生在人生路上多受挫折，甚至危害他人，被他人唾弃，自己也遭受失败。

一、提高学生法律意识，要求做遵纪守法的小学生

"国有国法，家有家规""没有规矩，不成方圆"，这些古语很好地说明了秩序的重要性。但在现实生活中，一些人漠视法律、规则，无视道德的谴责，导致一些不良现象随处可见。小到闯红灯、轧黄线、随地吐痰、乱丢垃圾，大到随意违约、坑蒙拐骗、行贿受贿。俗话说："小事情，大道理。"分析可知，大部分违法行为的发生主要归因于违法者的法律意识相对薄弱，并且受教育程度较低，加之外在环境的不良影响，导致其出现违背法律法规的行为。例如，一些经常不遵守校规校纪、打架生事、欺凌同学等行为，都在潜移默化地影响着学生的思维，最终造成触及法律底线的后果。为了提高学生自身的素质，首先要让他们明确法律法规的重要性，我们可以将学生分为两类，一种是每天无所事事且没有目标的学生，他们每天沉浸在网络游戏中追求虚拟的排名，与其他同学不睦，经常打架斗殴等；另一种是有明确目标并知道自己应该做什么，定期为自己设立一个目标并为之努力。这两种不同的行为方式主要由于学生思想意识的差异。为了改变这种现状，应当从小进行法纪教育，培养学生的法律意识，使其树立正确的思想观念，在日后的学习生活中能更加充实。学校要让学生明白：法律是我们生活中维护权利的有效武器，同时又是规范自己行为的社会准则。自由是相对的，是有条件的。世上没有不受约束的

自由。法律和道德、纪律一样，规范着人们的行为。要让学生明白，有了纪律的约束，作为学生，才能在优美的校园中享受到优质的教育教学服务。国有国法、家有家规、校有校纪，我们要遵纪守法，一定要严于律己，从小事做起：在学校里要严格遵守校规校纪，杜绝打架、说脏话等现象，懂得严于律己、宽以待人，共同构建友善、美好的校园风气；在社会上，不要闯红灯，不乱穿马路，不随地吐痰，公共场所不大声喧哗，这些都是学生力所能及做得到的事情。要让学生明白，他们正担负着努力学习、将来建设祖国的重任，只要从自身做起，就一定能成为一个知法、懂法、遵法、守法的好学生。

要提高学生的法律意识，首先，必须让学生对法律具有充分的认识，使其时刻恪守本分；其次，要从根源上解决违法问题，从基础教育开始培养学生的言行举止，在其思想中树立遵纪守法的观念，使其维护校园秩序，为社会的发展提供教育基础；再次，培养学生良好的道德意识，使其自觉地遵纪守法，做一个合格的小公民；最后，引导学生经常学习《中华人民共和国未成年人保护法》《中华人民共和国预防未成年人犯罪法》等法规。

二、狠抓校规校纪，对小学生在校内外遵纪守法做出明确规定

学校要对校规校纪做出明确规定，让学生知而行。

（一）在校内如何遵纪守法

在校内，核心是遵守小学生守则和小学生日常行为规范，遵守校纪校规。

遵纪守法，管好自己，关键靠自己。在学校，全体学生都应该遵守学校的规定。要做到不损坏学校的一草一木，不穿奇装异服，不抽烟喝酒，不参与打架斗殴，遵守上课纪律，遵守小学生日常行为规范。包括在上课时吃零食、乱说话、破坏学校的公物、打架等这些行为都是不遵纪守法的表现。

（二）在校外如何遵纪守法

第一，提高交通安全意识。要学习交通安全常识。谨记和做到红灯停、绿灯行，过马路走人行横道，不翻公路两边的护栏，不在公路、铁路边玩耍，不挪动、不损坏交通安全标志，不在公路上滑旱冰，参加公共活动要遵守秩序，不能拥挤等，从小树立安全意识，珍惜生命。

第二，遵守公共秩序，遵守社会公德。经常给学生讲一些社会公德常识和公共生活、公共场所的有关规定，如乘车船买票要排队；在电影院、图书馆、

医院不能高声喧哗；乘公交车要先下后上，不拥挤，要给老人、孕妇、残疾人让座；在公园、旅游景点不能乱写乱画，不能乱扔垃圾；等等，帮助同学们从小树立社会公德意识，养成遵守公共秩序的良好习惯。

第三，通过读报纸、听广播、看电视关注社会生活。如观看《焦点访谈》《东方时空》《社会与法》《绿色空间》《新闻联播》等节目，通过媒体报道的社会上遵纪守法、遵守社会公道和违法乱纪、违背社会公德的正反例子，使自己接受遵纪守法的教育。

第四，请每一位家长以身作则，用遵纪守法好公民的形象影响自己的孩子，如自觉遵纪守法、积极参加公益活动、遵守公共秩序、平时不讲消极落后的话、乐于助人、搞好邻里关系等。为孩子树立遵纪守法的好榜样，孩子就会在良好的家庭环境中健康成长。

第五，网络是现代化社会的象征，但沉溺于网络却是不良现象，因此要求家长、教师、社会三方力量共同干预，要求学生科学上网，浏览健康信息。

有学校实行绿卡制度，就是根据学生遵纪守法的表现打分，决定是否给予校门通行的优先权、免检权等，以激励学生遵纪守法，遵守校规校纪。

第四节　加强文明礼仪教育

不文明伤害他人，影响自身形象；无礼仪不成交际，拒人于千里之外，这不利于个体适应社会生存，更不能获得发展，甚至干什么都可能寸步难行。因此，强化学生文明礼仪教育，历来是小学教育的重中之重。所以我们可以想象，为什么《咱们从小讲礼貌》高唱："见到老师敬个礼，见到同学问声好：老师你好，同学你早！"文明礼仪教育怎么做？

一、明确文明礼仪目标

（一）明确文明礼仪养成教育总目标

文明礼仪应当从基础教育开始培养，在学生心中树立正确的思想认知，使其能够以饱满的精神和极高的热情与人和谐相处，从一言一行中展现自己的风度和教养。

（二）确定文明礼仪教育明细目标

第一，在进行礼仪教育时要注重贴近生活实际，创设具有生活化氛围的情境，不断探索新的教育方法，通过模拟训练、模拟情境来让学生深刻感知文明言行的有效作用，使其更愿意接受这种交往方式，同时在各门学科中融入部分礼仪教育，逐渐使学生养成良好的行为习惯。

第二，以传承优秀文化的方式引导学生关注中华礼仪，使其在耳濡目染之中形成自己独特的文化修养，为日后的发展打下坚实的基础。

（三）明确文明礼仪教育内容

第一，确定小学生礼仪常规内容，包括校园礼仪、家庭礼仪、社会礼仪三大方面。

第二，明确小学生良好礼仪习惯的具体内容：能向教师和进入校园的客人主动问好；服装整洁、仪表端庄；学会用礼貌用语与别人交流；掌握热情待客之道；知晓、掌握必要的社交礼仪。

第三，试编小学生礼仪教材，尝试开设礼仪课。如依据小学生思想品德形成的规律和儿童年龄特征，以礼仪规则为主要内容，编制小学礼仪教材，教材要突出形式上的生动活泼、图文并茂以及内容上的科学化和序列化。

二、促进文明礼仪的途径和方法

（一）在平常的管理中加强对学生文明礼仪的引导

1. 让学生充分了解学生文明礼仪常识

以学生的站姿为例，正确的站姿是学生文明礼仪之一。留心观察学生的课间操、升旗仪式，许多学生站姿萎靡不振、有气无力。如何改变这一现象？可利用班会课，迎合学生爱美爱帅的心理，确定班会课主题为"如何做一个有魅力的小学生"。采用多媒体，图文并茂地告诉学生，站立是人最基本的礼仪，站是一种静态的美，是一个人精神内涵的外在魅力。利用图片对比，让学生认识正确的站姿，并互相提醒进行训练，反复几次后，会在学生脑海中打下一个文明礼仪的烙印——原来正确地站也是文明礼仪的体现。

2. 利用各种时机进行礼仪训练

懂得什么是"礼"后，训练、鼓励、督查工作要紧随其后。在教室、操场等学生所在的任何场合，都要关注学生文明礼仪的遵守情况，不断友情提醒，如此，学生的礼仪风貌定会焕然一新。

3. 作为班主任要以身示范

小学生的思维具有一定的可塑性，他们会下意识地模仿周围人的行为，班主任在他们心中是最具威信力的形象，往往被当作最佳模仿对象，为了向学生树立良好的榜样则需要班主任以身作则，时刻注意自己的言行举止，严格要求自己。一些班主任在课堂上文质彬彬，但回到办公室便放飞自我不顾形象，这对学生来说也是一种错误的示范，需要加以改正。除此之外，还有平时的衣着习惯，在进入班级前要检查自己的衣着是否整洁；在升旗时要注重相关礼仪，不要与周围的教师谈话；在学生面前尽量保持体面；在面对学生时尽可能保持微笑；等等。班主任的行为举止和气质都潜移默化地影响着学生，因此必须做到标准规范，从而对学生起到无声胜有声的教育作用。

（二）采取促进文明礼仪的一系列措施

1. 树立典型，让学生们有榜样可效仿

小学生具有极强的向师性和模仿性，会根据自己的判断来选择模仿对象，因此教师可以充分利用学生的这一特点，在班级内部选取"文明小榜样""礼貌之星"等，并在大家面前加以表扬，这样一来，其他学生就会为了得到表扬而努力效仿，久而久之养成良好习惯。如有学校把每个班级评选出的文明礼仪之星名单张贴在宣传版面上，还给家长发喜报。让那些表现不够好的学生以他们为榜样，努力争做讲文明、懂礼貌的好少年。另外，还可以通过开展评比活动，调动所有学生的积极性。

2. 建立督察机制，让不文明的现象无处藏身

在校园内部建立完善的管理制度，组织学生成立管理小组，检查学生中存在的不良行为并加以制止。

3. 寓教于乐，让文明礼仪行为成为学生常态

学校充分利用少先队活动阵地，寓教于乐，开展丰富多彩的有关文明礼仪的各种活动，让"文明礼仪我先行"不只是喊在嘴里的一句空话，而是让文明礼仪行为成为学生生活的常态。

（三）开展形式多样、内容丰富的文明礼仪活动

1. 讲文明语

为了让学生时刻注意说文明用语，提出不说或传播一句脏话的口号，定期组织班会活动，以"不说脏话"为主题，让学生深入了解小学生行为规范中的相关内容，在平时鼓励大家多使用礼貌用语进行交流，并且以互动问答、情景表演等多种形式让学生学习使用文明礼貌用语。

2. 唱礼仪歌

为了让文明礼仪之风吹满校园，积极鼓励学生开发各种资源，利用广播、大屏幕等自己学唱文明礼仪歌曲。音乐教师还可利用网络收集文明礼仪方面的歌曲在课堂上教学生唱。

3. 做好文明礼仪行为

文明礼仪知识不仅要存在于教材中，还要付诸实践，避免"纸上谈兵"，切实做到利用文明礼仪提升学生的自我修养，学校首先要让全体教职工以自己的行为教育带动学生。无论是日常授课还是课下交流，教师都要做到以身作

则，多使用礼貌用语进行交流，如"请、谢谢"等，在这样的学习氛围中，学生会受到潜移默化的熏陶，久而久之养成良好习惯。

总之，加强学生的文明礼仪教育，也就是成才之前先教其成人。在对小学生进行礼仪教育时，首先要明确该阶段学生身心发展的阶段性特点，再进行有针对性的教育，使学生学会尊重师长、友善待人；注重将礼仪文化带入学生的日常生活，使其能够深度感知礼仪教育，并将其合理运用在生活之中，学会待人之道，如此一来，定会体现出文明礼仪教育的强大功效。

第五节　加强诚信教育

一、不诚信现象对青少年品格的影响

（一）社会对青少年儿童诚信品格的不良影响

自我国确立建立社会主义市场经济后，我国经济发展呈现稳步上升的状态，同时也出现了一些弊端，主要是部分不法分子为了金钱而制造伪劣产品，甚至在财务方面出现欺诈行为。

社会上的不诚信风气与现象严重影响了社会、单位和个人的信誉，假冒伪劣产品、民间借贷欺诈、电信诈骗等大大损害了人们的利益，在这种环境下，青少年的思想也会受到消极影响，若不加以抵制，便会酿成严重后果。

（二）家庭教育对少年儿童诚信品格的不良影响

有学者提出"5+2=0"的理论，是指学生在上学期间的5天所获得的教育十分显著，但由于周末在家中没有得到巩固，家庭教育无法让学生得到进步，最终导致成效为"0"。一方面，教师指导学生要诚信做人，但回到家后父母却没有给予学生正确的思想教育，反而宣扬不正确的观念，这无疑对学生的诚信观是一个重大打击。另一方面，有的父母对孩子随意许诺，却经常不兑现，使孩子自然而然地学到了哄骗行为。这些都严重影响学生诚信人格的形成。

（三）学校教育对少年儿童诚信品格的不良影响

学校教育对学生的诚信品格具有直接影响，在教学过程中学校管理者以及教师需要以身作则。例如，在上级到校检查时教师会提前提醒学生的言行举止，在上公开课之前教师也会反复确认课程内容，这种行为从教育角度来看就是不诚信的。部分学生在考试时会出现抄袭、作弊等现象，究其根源是教育的失职，针对这种现象需要教师从中引导，使学生树立正确的诚信观，并付诸实际生活中。

二、把诚信教育落到实处

（一）开展诚信、立信故事、影视等教育

小学生形象思维强，教师可以经常组织收集诚信的故事、新闻和影视节目，采取演讲、观看、评论等方式对学生进行诚信教育。

（二）将诚信、立信认知转化为行为教育

教育的作用应当是将理论知识转换为实际行动，应首先建立对诚信的认知再上升到行为，而不是针对理论夸夸其谈，就目前的现状来看，大部分学校的教育都面临同一个问题，即空谈诚信。学生的思维会受到周围人或事的影响，若想真正实现诚信教育，就必须将理论与实践相结合，无论是对关乎学校声誉的大事还是身边的每一件小事，都要做到以诚相待，营造诚信的校园风气，潜移默化地影响学生的思维，进而使其树立正确的思想观念。

（三）捕捉学生日常生活中的每个细节和两难问题随机进行教育

诚信教育应当从细节处入手，首先明确诚信的意义，在学生脑海中形成具体的认知，进而通过实践强化对其诚信的认识，在这个过程中，教师要做到恪守本职工作，通过榜样效应来引导学生提高自身道德修养，同时也要具有敏锐的观察力，及时发现班级内部存在的不诚信现象，并给予相应的教育。

诚信从广义上来讲属于道德范畴，并作为判断道德层次的标准和基础，需要学生在教育过程中树立正确的思想观念，积极主动地参与诚信教育。

第六节 加强勤俭节约反对浪费教育

随着我国经济水平的不断提升，部分发达地区经常会出现浪费、奢靡等现象，为了从根本上改变这一问题，则需要通过教育的方式进行干预。据估算，一些发达城市一天所浪费的粮食相当于我国粮食产量的6%，城市餐桌每日剩余的食品是3000万～5000万人一年的食物量，这些数据都说明了一个问题：我国浪费现象相当严重。如今的学生经常会用零花钱购买一些不必要的物品，不珍惜他人的劳动成果，这样的消费观不符合当今社会发展的需要，应当及时制止，让学生加强"勤俭节约"习惯的养成。

一、利用各种机会宣传勤俭节约的光荣传统

除了书本教育外，学校还要创新多样化的教学模式，如通过组织校园活动、开展讲座等方式向小学生传递民族文化的基本内涵。在班级内部也要定期组织学习优秀文化、勤俭精神的班会活动，同时结合思想品德课程进行拓展，让学生深度了解我国优秀的传统，进而自主接受熏陶。

当今社会依旧延续着我国传统文化中的部分精神，如勤俭节约、爱国奉献等。自古以来，无数文人墨客都坚守着这份本质品格，将全部精力放置在国家大事和人民生活方面，追求高尚的节操和伟大的品质，这是我国五千年历史文化得以延续的必要前提。如今我国经济不断发展，人民生活水平稳步上升，在国泰民安的日子里依旧要居安思危，做到勤俭节约。国家的发展需要一代代年轻人去完成，教育是最佳的宣传途径，学校必须意识到这一点，加大对传统文化教育的投入力度，让更多的学生认识到勤俭节约、艰苦奋斗的重要性，树立正确的思想观念，为民族的繁荣贡献一分力量。

二、要让学生真正认识勤俭节约的意义

改革开放以来，我国在多个领域都取得了一定的成就，虽然我国的发展经历了长期又曲折的过程，但部分出生于和平年代的学生并不能正确认识以往艰难的经历，认为现有的资源是用之不竭的，但实际上我国人均经济水平尚未达到发达的地步，资源也并不是取之不尽的。为了帮助学生树立正确的消费观，需要对其开展相关教育，久而久之养成勤俭节约的好习惯。从身边的小事做起，无论是一滴水、一张纸、一粒米，都不要浪费。

我们要让学生明确懂得：丢掉节俭的美德，贪图享受，妄想不劳而获的人是没有前途的。学生要树立勤劳节俭光荣、懒惰奢侈可耻的观念，即使在我国已实现全面小康的现在，也要继承勤劳节俭的美德，艰苦奋斗，争做合格的小公民。

当然，我们还要让学生明白，勤俭节约并不是死抠，该用则用。要引导学生认清享乐与合理消费之间的区别，树立正确的消费观，保持勤俭节约的好习惯。

三、培养勤俭节约的良好习惯

（一）教师要以身作则

教师对小学生行为的影响极其突出。小学生具有一定的向师性心理，在他们心中教师是威信的代表，会自然而然地模仿其行为，受其思想观念的影响，因此教师要以身作则，注重自己的言行举止，除此之外，还要鼓励大家做到勤俭，杜绝铺张浪费。

（二）从小事着手，严格要求

习惯的养成不是一蹴而就的，需要长期引导与练习，小学阶段学生的思维和心理具有极强的可塑性，在这个时期向其灌输勤俭节约的观念，对其日后的发展具有积极的影响。在培养的过程中需要结合生活中的实际事件进行引导与教育，作为教师，要与学生家长共同完成教育工作，要求学生杜绝攀比之心，不可以经常性地向家长索要零花钱，除此之外，还要学会简单的理财知识，利用积攒的零花钱购买想要的礼物。吃饭时不浪费粮食，定量取餐，久而久之养成勤俭节约的好习惯。学校领导、教师、家长要以身作则，起到典型示范

作用。

（三）学校要开展形式多样的"勤俭节约"活动

学校作为学生教育的管理部门，需要针对当前学生的发展现状进行具有针对性的教育，通过开展主题班会的形式向学生传达相关内容，从历史角度、社会角度、个人发展角度分析勤俭节约的益处，切实做到完善教育。

总之，在社会转型期，我们要引导学生注意，社会上有不少人把节约当成小气，认为节俭会被人笑话，更有些时候节俭被当成贫穷的表现，这是不对的。要认识到节约是对家庭幸福的盘算，更是一份社会义务的担当。节约是一种远见，一种态度，一种智慧，是我国得以拥有五千年历史的前提。无论是从个人角度还是从国家角度来说，勤俭节约都是义不容辞的。我们一定要教育学生改变那种虚荣的消费心理和浪费观念，保持和发扬老祖宗留下的勤俭节约的良好美德，反对浪费；将自身真正融入勤俭节约的生活，将节约作为一种良好的习惯，形成一种观念。

第七节 加强上网和网络游戏等教育

科技的进步让我们的生活更加丰富，手机、电脑已经成为主要的交流、娱乐工具，但网络的发展对于学生来说却是一把双刃剑。一方面，信息技术与教育的融合能够突破传统教学的局限性，实现时空结合，让学生能够在任何时间、地点感受到浓郁的课堂氛围，同时共享教学资源；另一方面，网络由于其虚拟性，管理起来相当困难，各种复杂、不健康的信息会通过网络传递给学生，严重影响其健康发展。在这样的形势下，则需要家长和教师共同参与管理工作，科学规划上网时间和浏览内容，引导学生正确上网。

一、了解小学生上网的主要内容

据有关学校学生情况的调查，学生上网的内容分为如下几个方面。

（一）玩游戏

游戏是小学生最为感兴趣的内容，也是他们上网的主要内容。小学低年级到高年级学生普遍参与，有单人游戏、多人游戏、剧情游戏、战斗游戏、棋牌游戏和大型网游等，类别多种多样，形式千变万化。多种多样的游戏吸引着天真可爱的孩子，使一些孩子逐渐沉迷于电脑游戏之中。

（二）看视频

小学生上网观看的视频有电影、电视剧、综艺、音乐、动漫和其他。对于小学生来说，动画片对他们的吸引力非常大，各种各样的电影和电视剧也不断进入孩子的视线。

（三）学习

通过网络教育学习或查询网上资料解决学习上遇到的问题。低年级同学通常在教师和家长的指导下进行学习，高年级同学则自己通过网络学习。但是，此项内容所占上网时间相对较少，如果正确引导，效果会更好。

（四）网络聊天及社区讨论

这一内容主要是高年级同学参与，由同学间的群逐渐发展到整个网络的不同用户之间的聊天。

（五）网上浏览

低年级同学涉及内容较少，高年级同学涉及内容较多。

（六）色情及其他不健康网站

小学生涉及相对较少，但是在没有成人监护的网吧中容易受到其他人的影响。另外，通过同学之间的信息交流和传播，一些比较吸引人的内容很快得到许多同学的参与。

二、明确小学生上网的益处

网络的出现是社会进步、科技发展的标志。小学生上网可以分享信息时代的成果，有以下几个特点。

（一）必要性

作为21世纪主力军的小学生需要不断调整心态，明确当前社会所需要的人才类型并为之努力，掌握基本的传递信息、获取信息的方式，具备一定的科学素养。网络具有一定的共享性，我们可以利用这一特点来收集各种资料、上传信息、交换资源等，可谓是一座"知识之山"。传统的教育模式具有时间和空间的限制，互联网的出现能够有效打破这一缺陷，在这个资讯爆炸的时代，谁能掌握好网络的用途就能获益。就现阶段的教育情况来说，大部分小学生可以利用互联网的实时性和共享性来收集学习资源，这是一种精神财富。除此之外，以互联网为依托的多媒体技术也受到教育行业的推崇，教师可以以三维动态的形式向学生展示抽象的知识点，同时配备相关的视频讲解，有效提高课堂效率，在激发学生积极性的同时强化知识的运用，拓展教学范围，构建完整的知识构架。

（二）现实性

现在，互联网正以惊人的速度飞速发展，网络正实实在在地影响着我们的生活，如网上购物、订餐、交流等，互联网作为现代化的产物影响着我们的日常生活，在这样的大趋势下应当学会利用该技术，不断充实自我，提高生活质量。网络游戏、网上音乐和网络视频带给孩子更多的休闲娱乐，丰富了孩子的生活。网络越来越接近我们的生活，很多事情我们都可以通过网络进行处理，换言之，网络已经成为我们生活中不可或缺的一部分。要适应未来社会，掌握各种各样的电脑技能也是当代孩子应该具备的一种基本生活技能。

三、明确小学生上网的弊端

小学生由于自控能力和辨别是非的能力较差，思想心智尚未成熟，极易被周围环境所干扰，影响小学生的道德发展。笔者整理了一部分不良的影响。

第一，网络具有一定的虚拟性，虽然能够让交际变得更加方便，但长期进行网上交流会导致学生交际水平退化，虚拟网络会不断侵蚀人的思想，一些自控能力较差的人会轻易被网络所吸引并沉溺其中。小学生由于接触社会的时间较短，世界观、价值观、人生观尚未成型，很容易受到外界的干扰，而网络由于虚拟性较强，监管起来十分困难，充斥着很多不良信息和不健康思想，若学生长期受到这类不符合社会发展的因素的影响，会产生一些心理上的问题，甚至出现自闭、自制力弱等人格障碍。

第二，部分电子产品在运行过程中会对人体产生一些辐射，当学生长时间面对显示器时会出现头晕的现象，甚至对视力造成伤害。

现在孩子的课业负担本来就比较重，再加上在电脑前过度用眼，易使视力下降。

第三，网络虽然能够为学生提供交际平台，但针对网络的监管却无法做到面面俱到，若学生沉迷于网络交流并乐此不疲地感受虚拟世界，会导致其出现逃避现实的情况甚至丧失交流能力，无法准确判断社会道德标准，形成内向、孤独、不合群的心理问题。

第四，网络信息多种多样，适当地了解可以丰富学生的课余生活，但过于沉溺则会起到反效果，网络中充斥着很多消极信息，严重影响着学生的认知和思维。网瘾就是在这种情况下养成的，若不加以制止，会让学生无时无刻不想着网络中的信息，上课时不认真听讲，长此以往，学习成绩下降。网络信息无孔不入，一些消极思想或有害信息会让学生产生叛逆心理，同时还会遇到部分诈骗信息，小学生判断事情正确与否的能力有限，进而带来精神和物质方面的损害；受不良信息的影响，使学生身心受到伤害，同时暴力游戏会影响其正确的社会价值观，五花八门的网络信息对学生正确的人生观和价值观的形成是一个巨大的挑战。

四、正确指导学生上网，防范上网对小学生的负面影响

（一）端正家长对上网的认识，加强家校配合，进行家庭教育

学校会严格控制学生的上网时间，大部分学生会选择在家或网吧上网，因此社会和家庭也承担着学生的安全教育。作为家长，要时刻关注学生的心理变化，科学规划上网时间，一些家长片面地认为上网就是打游戏，所以勒令学生不允许使用电脑或手机等电子产品，实则不然，适当地上网能够丰富学生的精神世界，拓宽视野，若只是一味地限制会适得其反，久而久之，学生形成叛逆的心理，因此家长要科学规划学生的上网时间，选择浏览健康的内容。社会要针对未成年人实施相应的保护措施，网吧要限制未成年人进入，避免其受到思想上的侵害。

（二）加强学校网络德育建设，引导学生健康上网

小学生容易被新事物所吸引，并且对新事物的接受能力较强，学校可以充分利用这一特点对其进行道德教育，分析当前学生身心发展的阶段性特征，结合信息技术的可操作性进行积极引导。校园文化建设能够潜移默化地影响学生思维，因此学校可以开设独立的校园官网，并让学生积极投稿，以拍照或录制视频的方式上传好人好事、教学资源、优秀学生作品等，以此来建设丰富且具有意义的校园文化，让学生了解网络的真正用途，进而获得良性体验。

（三）加强教师对学生健康上网的教育和引导

教师肩负着教书育人的责任，必须重视学生的心理健康问题。心理健康教育有别于其他教育，需要结合学生的发展特征和日常生活进行有效引导，使其能够正确看待互联网的作用，结合我国传统文化帮助学生树立正确的"三观"，从根源上抵制不良思想，提高学生的自控能力和判别风险的能力，加强安全教育，避免网络中的有害信息侵蚀学生思想。互联网的出现对学生来说是一把双刃剑，为了让这项科技为教育所用，教师应当有目的、有计划地引导学生浏览健康信息，丰富课余生活。同时还可以结合生活实际组织活动，如在某一特定节日如中秋节、端午节、春节等，利用互联网收集各地区的民俗习惯，以视频的形式呈现在学生面前，让学生感受来自传统文化的熏陶，从而明确互联网的真正价值，加强思想道德教育。

参考文献

［1］王贵华. 幸福课堂建设庆云小学语文课堂教学改革实践［M］. 海口：南海出版公司，2020.

［2］李艳杰. 小学语文课堂有效性教学策略研究［M］. 长春：吉林人民出版社，2019.

［3］宋秋前，林涛. 经典教学理论的课堂应用（小学语文）［M］. 上海：上海交通大学出版社，2020.

［4］詹丞. 奇迹课堂（小学语文六年级上册）［M］. 北京：教育科学出版社，2019.

［5］缪丽娟. 智慧课堂与小学语文教学探究［M］. 延吉：延边大学出版社，2019.

［6］杨洪港，肖杏花，何小波. 浅谈小学语文教学管理［M］. 长春：吉林人民出版社，2019.

［7］陈正璋，林碧珍. 小学语文课堂教学与素养培植［M］. 福州：福建教育出版社，2019.

［8］勾祖鹏. 小学语文课堂教学提升技巧［M］. 成都：西南交通大学出版社，2019.

［9］赵霞. 小学语文课堂教学艺术［M］. 北京：现代出版社，2018.

［10］罗俏仪. 激趣撬动高效小学语文课堂［M］. 合肥：合肥工业大学出版社，2018.

［11］高明俊. 课堂点睛（小学语文三年级上）［M］. 沈阳：沈阳出版社，2018.

［12］林爱珠. 小学语文智慧课堂的研究与实践［M］. 北京：中国广播电视出版社，2017.

［13］吴欣歆，蒋丽.时代语文三维阅读互动课堂（四年级下册）［M］.北京：华文出版社，2017.

［14］田长青.学生发展核心素养视域下的课堂教学指南（小学语文）［M］.长春：东北师范大学出版社，2017.

［15］杨莉俊.用小智慧做大课堂——小学低年段语文教学研究与实践［M］.上海：同济大学出版社，2017.

［16］田荣俊.小学语文课堂内外拓展训练（四年级）［M］.上海：上海远东出版社，2010.

后 记

在本书完成的瞬间，对刚刚诞生的作品固然满怀喜悦之情，但涌上心头更多的却是感激。本书的写作既是一段特殊的心路历程，也是一种特别的经验；既是对小学语文课堂教学管理与学校德育探析的认识和了解，也是对"自我"文化的观照。可以说，本书既是我自己的一个尝试和挑战，也是智识和实践方面的超越。然而，这种超越当归功于一路上给予我支持、帮助与鼓励的领导、师长及亲朋好友。

感谢我的师友和前辈，从构思到行文，你们为我提供了大力的支持和帮助，你们真诚的意见和建议也给了我很大的启发；还要特别感谢我的家人，是你们对我默默的鼓励和无私的支持使我专心致志、潜心研究，本书的顺利完稿有你们的功劳。

生命中有你们是我一生的荣幸！

感慨万千，书不尽言。寥寥数语，谨致谢意！

王钦雄

2021年9月